英語の複数と冠詞

ネイティブの感覚を読む

小泉賢吉郎
Kenkichiro Koizumi

the japan times 出版

　本書は複数・冠詞の用例辞典ではない。理由をいっさい説明することなしに例文を並べるのでなく、なぜここが複数になっているのか、その意味はどこにあるのか、また、なぜ a でなく the が使われているのかなど、理由を考える書物である。

　本書を手にとってくださった方がおそらく抱く疑問の1つは、なぜ科学・技術史の専門家が、英語の複数や冠詞の問題について興味を持ち、1冊の書物を著すまでになったのか、というものであろう。その理由は単純である。

　英語をある程度やった人はだれでもそうだと思うが、とくに複数と冠詞の使い方には何度も困らされた苦い思い出があるはずである。わたしも、英文法のほかの要素についてはそう強く感じなかったが、複数と冠詞については、いったいどういうルールがあるのだろうか、と何度も悩んだ。話すときも困ったが、とくに書くときがひどい。アメリカの大学院に在籍したことがあったので、期末のレポートを書かされるたびに、何度も悩み奮闘したが、さっぱりわからなかった。何とかしたいのはやまやまだったが、英語の勉強をしている時間はまったくなく、結局、レポートや論文はすべてネイティブのチェックを受けた。

　その後、折に触れて複数と冠詞について考えることはあったが、真剣にこの問題に取り組もうと思ったのは、あるとき、日本人から次の2つの文の違いは何かと尋ねられたことがきっかけであった。

I have no idea.

I have no ideas.

わたしはこの問いに答えるにあたって、かなりの誤魔化しを
した。正直に言えば、この両者の決定的な違いがわからなかっ
たからである。これらは中学生のレベルの英語であるのに、歯
切れの悪い説明しかできないことに、われながら情けなくなっ
た。わたしはいったい何年英語を勉強しているのだ！と。

　そうなったのは、結局のところ、複数と冠詞の使い方につい
て学校の英語の授業では教えられていないからといえるが、そ
れは、この問題が重要でないからという判断に基づいたもので
はないだろう。教えたいと思っても、問題が難解かつ複雑で、
教える側がよくわかっていない、というのが現状のようである。
実際のところ、アメリカで私は、外国人に英語を教えている専
門家に複数・冠詞について尋ねたところ、「実は私も、わから
ない。しかし、あきらめてはいけない。というのは、複数・冠
詞は英語の秘密の生命だから」と言われた。これは、今でもはっ
きり覚えている。

　本書は、このような状況をなんとか改善したいという思いか
ら書いたものである。複数や冠詞について、いろいろな状況に
おける文例を何百という単位で集め、詳細に分析・分類した。
同じ名詞でも、複数になる場合、不定冠詞が付く場合、定冠詞
が付く場合、無冠詞の場合それぞれで、意味がどう変化するか
を比較しながら検討した。

　基本的には、実用的な観点から、何らかの法則・規則を導き
出そうとしたが、ところこころどころ思弁的な説明もある。これ
は、いくら実用本位といっても、本質をつかむには、やはり、
その言葉を話す人たちの「考え方」に切り込むべきと考えたた
めである。

　結果的にいうと、自然科学分野における公式のような明確さ

3

は示せていないかもしれないが、今まで放置されてきたテーマに一筋の光を差し込むことができたのではないかと自負している。

　本書は、1989 年にジャパンタイムズ社より出版された拙著『英語のなかの複数と冠詞』の大幅な改訂版である。両者の大きな違いの 1 つは、旧版でまとめきれなかった抽象名詞の扱いが改訂版ではもう少しわかりやすく分類され、説明されている点である。なお、旧版同様、複数と冠詞に関して次のような呼称を用いる。複数形を「P 型」、名詞に不定冠詞が付く形を「A 型」、定冠詞が付く形を「T 型」、冠詞が付かない（無冠詞）形を「Z 型」とした。複数形に定冠詞が付けられた形は「T・P 型」と表記した。なお、本書で取り上げる用例はアメリカ英語におけるものであることを断っておきたい。

謝辞

　本書を書き上げるに当たって、多くの方々から多大な助けをいただいた。なかでも友人の Stuart Montgomery 氏からの協力なしには本書の完成は絶対に不可能だったと断言できる。もう、これ以上の質問はやめてくれという、たび重なる要請にもかかわらず、さらに答えるのが困難な疑問を投げ続けた。時にはお互い納得できず、大声を張り上げて議論したこともあった。お礼のために何度も何度も頭を下げても下げ過ぎということはないほどである。ここに記し深謝を表明したい。

Contents

Chapter 3　**定冠詞：Ｔ型**　(87)

PartⅡ | 応用・実践編

Chapter 5　型によるニュアンスの違いをさぐる　(131)

Chapter 1

複数形：P型

【 「数える」ということにこだわる英語

英語の名詞は、数えられるか・数えられないか、つまり可算か（countable）不可算か（uncountable）、この２つに分類される。可算とは、「いち、に、さん」と数えることができるという意味であり、不可算とは、数えられないという意味である。日本人は、複数について概念としては理解できるものの、自らの言語の中にこれを取り込んでこなかったので、英語という言語に具体的な形として表れる複数の扱いに困っている。

まず、数えるということはどういうことなのか？　ということから考えてみたい。「数える」というからには、数えることが可能だという認識があるはずである。あるいは、数えたいという欲望がその背後にあるはずである。あるグループの人たちで何かを分ける場合、平等に分配しないと問題が起きることはよくある。「に」は「いち」より大きい。そこで、できるだけ正確に数えて人数分で割るというふうな操作が必要なことは理解できる。

しかし、理解するのが難しいのは、英語ではたとえば、液体や抽象的なものなど、形のない数えることが困難なものまでも、「複数形」という形で表そうとする場合があることである。これは説明するのが難しいが、英語を話す人々は、こうした存在に対しても数えられるという信念を持っていたというか、とにかく数えることにこだわったといえるだろう。

可算と不可算

単位の認識

　複数概念の根底には、「いち」となる単位の任意の認識が必要である。たとえば、形状は無視してリンゴ1個を「いち」と認識することにみんなが同意すれば、それは1つの単位となり得る。「いち」という単位が見つかるものについては、「いち」より多い存在が複数である、という認識はそんなに難しくないだろう。が、なぜわざわざ複数形という形で明示する必要があるのか、という疑問は残る。おそらく、権力者たちの富を比較する必要が生じたのだろう。

　この理由についてはともかくとしても、いったん単位について合意すれば、次の段階として複数について合意することはそんなに難しいものでないと思う。わたしの勝手な想像であるが、順序として、まず単位を認識し、次にその単位を共同体に広くゆき渡らせる努力が必要だったのでないか。単位をあまねく広める過程において、徹底させるために言語の中に入れる必要が生じたのでないだろうか。

1.1.

「自然単位」——目に見える数を数える

　単位を認識するうえでいちばん簡単なのは、視覚・触覚から、あるいは直感的に、1つとして認識できる対象を選ぶことであろう。これは人為的な操作を加えていないということから「自然単位」と呼べる。

　わたしたちの身のまわりには、人、動物、植物、建物、食べ物など、目に見えて数えられるものには事欠かない。これらを「いち、に、さん」と数えることに異を唱える人はほとんどいない。これらの存在一つひとつを単位と認識し、それをもとにして数を数えるということも自然な発展である。この段階まではどの文化にも認められるので、普遍的な行動と思われる。

　ところが、ある文化では、この単位認識を言語の中へ取り込んだのである。そして、これが単位であることを示すために、不定冠詞なる記号を発明した。これが a [an] である。さらに、複数を示す記号も導入した。これが単語の末尾の s [es] である。

　直感的に数えられるものを普通名詞と呼ぶが、これを複数形で使うと、いくつかの事柄を意味するようになった。最も多いのは、対象が複数個あることを指す使い方と、対象を一般的・総称的に（〈カテゴリー〉として）表現する使い方である。前者は、説明するまでもないと思うが、後者は、たとえば「イチゴが好きだ」と言いたい場合、I like strawberries. と対象を複数形にするというような使い方である。これを I like a strawberry. とは言えない。のちに詳しく説明するが、名詞を一般的・総称的に表現したい場合は、複数形にする必要がある。また、果物屋へ行って、「リンゴはありますか」と尋ねるときも次のよう

に複数形を使う。

Do you have apples?

　本書では、名詞を複数形にする形を、plural（複数形）の頭文字をとって「P型」と呼ぶ。対象を一般的・総称的に表現する用法は、P型が持ついろいろな用法のうち、最も一般的なもので、とくに大きな問題はない。

　ただここで、1つ注意しておきたいのは、一般的・総称的用法は、P型にだけいえることでないことである。のちに取り上げるA型（不定冠詞を付ける型）、T型（定冠詞を付ける型）、Z型（無冠詞の型）の用法においても、一般的・総称的な使い方が可能である。これらについてはそれぞれの型のところで説明する。

複数形の2つの用法（普通名詞）

1.2.
本来数えられないものを数える
――「任意の単位」の導入

　動物を 1 匹、2 匹と数えるには「自然単位」で十分だが、たとえばミルクやブドウ酒はそのままでは数えられないから、何か人為的な操作が必要だった。つまり、新しい「任意の単位」の導入が必要だったのである。もちろんこれは、人為的に行われたから、英語国民の文化や社会、さらには歴史が関係している。おそらく彼らの間で長い時間をかけ、どんな単位を導入すれば、合意が得られるのかが模索され、可算のための「言語ゲーム」が徐々に行われたのであろう。こういう一般論はともかくとして、具体的にどういう工夫がなされたのかについて考えてみたい。

　ミルクやブドウ酒などの液体はそのままでは数えられない（不可算）が、たとえば、グラスや樽などの容器を用いれば、数えられる（可算）。つまり、入れ物を「任意の単位」として用いれば、液体といえども擬似的に数えることが可能だ。こうして、本来、数えられないものが three glasses of milk（グラス

three glasses
of milk

· · · · ·

任意の単位

３杯分のミルク）などと表現されるようになっていった。

　この操作は抽象概念にも適用できる。たとえば information（情報）という言葉であるが、これは前に不定冠詞を置くこともできないし、語末にｓを付けることもできない。しかし「任意の単位」を使えば、意味上、数を示せる。まず、１つの場合。

I received <u>an</u> interesting <u>piece of</u> information about his retirement.
（彼の引退に関してわたしは、興味ある情報を１つ入手した）

　複数あることを伝えたければ、次のように表せる。

I received <u>a lot of</u> interesting information about his retirement.
（彼の引退に関しておもしろい情報をたくさん入手した）

I received interesting <u>pieces of</u> information about his retirement.
（彼の引退に関しておもしろい情報をいくつか入手した）

　上の例文でのポイントは、a piece of (pieces of)、a lot of という句である。この句を使えば、evidence や advice などの言葉も同様に、複数を表す表現が可能となる。

I received <u>an</u> interesting <u>piece of</u> evidence about his involvement in the crime.
（この犯罪に彼がどれくらい関与していたかについて、わたしはおもしろい証拠を１つ入手した）

I received <u>a lot of</u> interesting evidence about his involvement in the crime.
（この犯罪に彼がどれくらい関与していたかについて、わたしはおもしろい証拠をたくさん入手した）

I received interesting <u>pieces of</u> evidence about his involvement in the crime.
（この犯罪に彼がどれくらい関与していたかについて、わたしはおもしろい証拠をいくつか入手した）

I received <u>an</u> interesting <u>piece of</u> advice from my uncle.
（叔父がおもしろいアドバイスをわたしに１つくれた）

I received <u>a lot of</u> interesting advice from my uncle.
（叔父が多くのおもしろいアドバイスをわたしにくれた）

I received interesting <u>pieces of</u> advice from my uncle.
（叔父がいろいろなおもしろいアドバイスをくれた）

　このように単語に直接ｓを付けてＰ型にすることはできないが「任意の単位」を前に置くことによって複数を表す型を「疑似Ｐ型」と呼ぶことにしよう（しかし、これさえ不可能な言葉がある。たとえば、nature が「自然」を意味するとき、どんな文脈でもＰ型にできない）。

　おもしろいのは、「任意の単位」が時の経過とともに日常的になったために省略され、元の名詞に複数形のｓが付くようになったものがあることである。コーヒーは、コーヒーカップに入れて出されるのが一般的になったので、わざわざ two cups of coffee と「任意の単位」を付けなくても、two coffees と言えば通じる。

　これは、ほかの飲み物にも当てはまる。たとえば５人でレストランに行って、席に着いても３人にしかグラスに入った水が出てこなかった場合、Please bring two more waters. と言える。また、５人の子どものために、We would like to have two milks and three cokes. と言える。10人で喫茶店に入ったなら、We would like five teas and five coffees. と注文できる。

　ちなみに、上で紹介した information（情報）、evidence（証拠）、advice（忠告）などは、語尾に s を付けると誤りである。複数の表現は上のような形でしか存在しない。

複数形

P 型

〈種類〉を表す P 型

　一方、次のような不可算名詞については、数を限定せずに（数詞などによる修飾なしに）P 型にすると、〈種類〉を表すことになる。

beers, wines, oils, gasolines, juices, whiskies, bourbons, sakes, mineral waters, teas, milks

　たとえば、ちょっとしゃれたレストランなどではお茶のメニューに Teas と書かれ、その下に Earl Gray、English Breakfast、Oolong tea（ウーロン茶）、Sencha（煎茶）などが載っている。

　しかし、実のところ、〈種類〉を表す P 型は不可算名詞にとどまらず多岐にわたり、けっこう複雑である。普通名詞、集合名詞、抽象名詞、物質名詞などに分けて、詳しく見ていきたい。

普通名詞の P 型

　普通名詞の P 型には、対象が複数個あることを示したり、対象を一般的・総称的に表現したりするほかに、〈種類〉を表すという使い方もある。普通名詞は可算であるから、P 型で使われること自体なんら不思議でないが、具体的な個体がいくつかあることではなくて、いろいろな〈種類〉があることを意味する、と言われると、盲点を突かれたような気持ちになるかもしれない。

　たとえば、question（質問）や answer（答え）という語が次

のように P 型で使われている場合、いったい何を数えているの
だろうか。不定冠詞を用いた A 型との比較で考えてみる。

Questions like "What is science?" may be asked, but there will be no definitive answers. ‑ P

（科学とは何かというような質問はいくつかできるかもしれないが、それらに
対する、はっきりした答えはないだろう）

A question like "What is science?" may be asked, but there will be no definitive answer. ‑ A

（科学とは何ですかという質問はできるかもしれないが、はっきりした答えは
ないだろう）

　なんとなく A 型がふつうの使い方だと思ってしまうかもしれ
ないが、P 型も可能であり、両者の間には違いがある（両者の
違いを出そうと無理をして訳したが、いかにもぎこちない）。
　話し手が P 型を使った場合、話し手の頭の中には、「科学と
は何か」という問い以外にも「芸術とは何か」「神とは何か」
というような、いろいろな問いが思い浮かんでいると推測でき
る。つまり、こういう P 型は〈種類〉を数えているのである。
これに対して A 型が使われていれば、「科学とは何か」という
問いだけが話し手の頭にあると想像できる。

〈種類〉を表す P 型と、A 型（普通名詞）

19

複
数
形

P
型

もう１つ例をあげておこう。

Asked about the abortion issues, people generally say "I don't have simple answers." Ⓟ
（人工中絶問題について尋ねられた場合、一般的な答えとして人々は「この問題にはいろいろな側面があり、そのそれぞれについてわたしには単純な答えはありません」と言うだろう）

Asked about the abortion issues, people generally say "I don't have a simple answer." Ⓐ
（人工中絶問題について尋ねられた場合、一般的な答えとして人々は「わたしには単純な答えはありません」と言うだろう）

　両方とも前半部は同じであるが、後半部が異なる。answer を P 型にすることによって、話し手には事態の複雑性を強調したいという願いがあることが伝わる。訳文はぎこちないが、話し手の頭の中を想像して言葉を補った。妊娠中絶という問題に関して、レイプや近親相姦の場合、さらには母体が危険な場合、あるいは哲学的、倫理的、宗教的な問題などが話し手の頭の中に渦巻いていることを示したかったのである。

集合名詞の P 型

　集合名詞には、P 型にできるものとできないものがある。たとえば、family/company/group のように、１つのかたまり（「個」あるいは「単位」）でありながら、その集合を構成するそれぞれのメンバーがなんらかの内的関連性を持っている集合名詞は P 型が可能で、その P 型は〈種類〉を表す。audience（観衆）、crowd（群衆）、army（陸軍）、force（軍隊）、chorus（合唱団）もこのタイプである。ネイティブ・スピーカーは、このような

集合名詞で表される集まりを1つの単位と認識し、可算と見なす。

In the old days Japanese audiences everywhere rarely
showed their enthusiasm. But nowadays in addition to
clapping they quite often cheer.

（昔は日本の観客はどこでも、自分たちが熱狂していることを、まれにしか示
さなかったが、今では、拍手に加えて、彼らは多くの場合、喝采してくれる）

By noon crowds blocked the entrance to the station.
There was also a crowd near city hall. Finally the crowds
blocked the roads everywhere.

（昼ごろには人々が複数の群衆となって駅の入り口をふさいだ。市役所付近に
も一団の群衆が現れ、そこら中の道路がこれらの群衆によって覆われた）

The other day a big parade was held in Germany, and
representatives of many military forces from NATO
countries participated.

（先日、大きなパレードがドイツで行われ、北大西洋条約機構加盟のいろいろ
な国々の軍の代表が参加した）

The armies of several countries sent soldiers for a joint
military operation.

（いろいろな国の軍隊がその共同作戦に兵士を派遣した）

When the piece was composed in the Taisho period,
nobody paid any attention to it, but nowadays many
vocal choruses sing the music.

（大正時代に作曲されたときはだれも注目しなかったが、今ではいろいろな合
唱団がその曲を歌う）

複数形

P型

　一方、たんに似たもの、あるいは共通の機能を持つものが集
まっただけで、相互の関係性が薄いものの集まりを表す集合名
詞は、P型にできない。たとえば furniture（家具）は「任意の
単位」を使って「疑似P型」にはできるが、語末にsを付けて

〈種類〉を表すことはできないのである。このような集合名詞の用法については、Chapter 4（無冠詞:Z型）を参照してほしい。

　ちなみに、army は P 型で使えるが、似たような組織の police は P 型では使えない。しかし、これを受ける動詞は、主語があたかも複数であるかのように複数で受ける。

The police are responsible for the security of this city.
（警察は、この都市の安全に関して責任を持つ）

P 型にできる集合名詞と P 型にできない集合名詞

抽象名詞の P 型

　抽象名詞は大変にわかりにくい名詞である。定義がはっきりしていないのに加えて、用法も多い。最もふつうには無冠詞のZ型で使われるが、A 型でも P 型でも、また定冠詞付きの T 型（「これ」「あれ」という意味の〈限定〉用法）でも使われる。抽象名詞の用法全般については、Chapter 2 で詳しく説明する（p.56）。ここでは P 型のみ取り上げる。

distance（距離）、tension（緊張）、pressure（圧力）、memory（記憶）というような語が P 型で使われるとき、いったい何を数えているのか。たとえば、distance（距離）を P 型にすると、話し手はどういうイメージを持つのだろう。われわれには「距離」という言葉が複数形になっていること自体、不思議な感じがするが、話し手はいろいろな距離の〈種類〉を考えている。

Various enormous distances are encountered in astronomy.
（天文学では、とてつもなく大きな、いろいろな距離にお目にかかれる）

一応、上のように訳してみたが、原文のニュアンスはなかなか出しにくい。distance を P 型にした話し手は、たとえば、地球から太陽までの距離、地球からアンドロメダ星雲までの距離というふうに、いろいろな距離を思い浮かべており、距離がさまざまであることを聞き手に伝えようとしているといえる。

tension（緊張）や pressure（圧力）のような言葉も、P 型で使うと〈種類〉を表す。

There are tensions in the Middle East. P

There is tension in the Middle East. Z

P 型にした場合、話し手の頭の中に、一般的な「緊張」という〈概念〉が存在するのでなく、政治的な緊張、宗教的な緊張（宗派内の対立も含めて）、民族的な緊張等々がイメージとして存在する。したがって、

「中東はいろいろな種類の緊張関係に満ちている」

とでも訳せるだろうが、通常なんらかの文脈があるので、その

複数形

P 型

中で具体的にどんな緊張かを記述したほうがよいだろう。

　一方、同じ言葉を無冠詞のＺ型（この場合、単数扱い）で使うと、緊張の〈種類〉は話し手の頭の中にない。一般的で抽象的な「緊張」の〈概念〉があるだけで、訳としては「中東情勢は緊迫した状態にある」となろう。この例文では、〈種類〉よりも〈状態〉が強調されている。

　pressure の例も見てみよう。

What pressures does this action put on your government? P

What pressure does this action put on your government? Z

　この場合も tension の例とまったく同じである。両方とも「もしこの行動が取られれば、どんな圧力があなたの国にかかってきますか」と訳せる。Ｐ型の場合、話し手は政治的な圧力、経済的な圧力、宗教的な圧力など具体的な圧力の〈種類〉をイメージしながら話をしているが、Ｚ型では一般的・概念的な圧力というイメージしかない。

　さらに、〈種類〉を数えている例として、次の例もあげておきたい。

He made many promises, but none of them has been realized.
（彼はいろいろな約束をしたが、そのどれもまだ実現されていない）

Whatever his convictions are, they are all different from mine.
（彼の信念がどんなものであれ、それらすべては、わたしの信念とはまったく違っている）

物質名詞のＰ型

　物質名詞とは、液体・固体・気体、食料品、原材料など、一定の形を持たない物質を表す名詞である。

　1.2 節の始め（p.14）で触れたように、beer や wine などは、a glass of beer のように「任意の単位」を導入し、その単位がいくつあるかを数えることができる（「疑似Ｐ型」）。

　一方、物質名詞自体にｓを付けるＰ型は、その物質にいろいろな〈種類〉があることを表す。ワインやパン、チーズなどの食料品では、ほとんどの場合、味、香り、硬さ、柔らかさなどの〈種類〉がいくつもあることを意味する。たとえば、品評会などで、「わたしどもには多くの種類のワインとチーズがあります」などと言いたい場合は、

We have many wines **and** cheeses.
（われわれのところには多くの種類のワインやチーズがあります）

というふうに複数にすれば、〈種類〉の多さを表せる。「パン」なら、

That store has many different breads.
（あの店にはたくさんの種類のパンがある）

というふうに使える。しかし、日常会話では、

They have a lot of different kinds of bread.

と単数、すなわち、無冠詞のＺ型にするほうが自然である。

　なお、抽象名詞や物質名詞をＰ型で使うと、その名詞が別の意味になることがある。1.7 節（p.38）を参照してほしい。

複数形

Ｐ型

〈現象〉などを表す名詞の P 型

　以下の例は、上のどの分類にも当てはまらないので、項目として独立させようと考えたが、〈種類〉を表す P 型の、さらなる特徴をよく示していると思われるので、ここに含めることにした。

　まず、「音」（sound）のようなものを P 型にした場合、どうなるのかについて考えたい。

Sounds in the street after I go to bed bother me, and I can't sleep.

（ベッドに入った後、道路から聞こえてくる、いろいろな音がやかましくて寝られない）

　P 型にすると、「いろいろな音」あるいは「多種類の音」というふうに、音の〈種類〉を数えるイメージが加わる。また、「風」（wind）の場合も P 型にできるが、やはり〈種類〉を表すと解釈するのが自然であると思う。いったい風の〈種類〉とは何かという疑問が浮かぶが、風の吹き方には、いろいろな方角、強弱などが考えられる。たとえば、次の文を見ていただきたい。

The typhoon winds from many directions blew down many trees in the park.

（台風の、あちこちから吹く風によって公園の多くの木がなぎ倒された）

　winds と P 型にすることによっていろいろな風の吹き方がより鮮明にイメージされているといえる。なお、一緒に使われている direction という単語も P 型で使われているが、方角には北とか南とか以外にも北西とか南東とか、いろいろな方角があるので、〈種類〉があることは容易に理解できる。ちなみに、I think I am lost. I have to ask directions.（道に迷ったと思う。だれかに道を尋ねる必要がある）というふうな使い方もできる。

　自然の風でなく、比喩的な意味での風についても次のような表現が可能である。

Turbulent political winds are blowing in the diet right now.
（国会で今、政治を左右するいろいろな風が吹きまくっている）

　なお、rain（雨）、snow（雪）、thunder（雷）などもＰ型にできるが、この場合、〈種類〉というより、むしろ〈回数〉を表すと考えたほうがよい。たとえば、ヘミングウェイの小説、*The Snows of Kilimanjaro*（『キリマンジャロの雪』）、さらにThe rains came early this year.（雨期は今年、早く来た）は、雪や雨の降る〈回数〉を表している。

複数形

Ｐ型

1.4.

〈回数〉を表す P 型

　次に、ある出来事が何度も起こったことを表す〈回数〉の P 型について考えたい。

She shed many tears.

　この文ではなぜ tear（涙）が P 型で使われているのだろう。そもそも「涙」は複数にできるのだろうか、という疑問が浮かぶ。もちろん tear は単数でも使えるが、P 型になると次の 2 つの解釈が可能になる。

　① 彼女は多くの涙を流した。
　② 彼女は何度も涙を流した。

の 2 つの解釈である。どちらを選ぶかは文脈によって判断するしかないが、②の訳がここでいう〈回数〉の P 型である。なお、ここで many がなかったとしてもこの文はやはり 2 つの解釈が可能である。参考までに A 型の a tear の例文として、

A tear rolled down her cheek.
（一滴の涙が彼女のほほを流れた）

を示しておこう。
　次の例文ではどうだろう。

My efforts to raise money for the project have failed. P

（わたしはそのプロジェクトのための資金集めに一生懸命になったが、そうしたいろいろな努力は実を結ばなかった）

　Ｐ型にすると「あれもした、これもした」というふうに efforts が努力の〈種類〉を意味する場合と、同じ種類の努力を何度もしたという〈回数〉の意味の、２通りの解釈が可能となる。したがって、どの訳にするかは文脈により、どちらの解釈をより強く出すかによって異なる。

複数形

Ｐ型

〈種類〉

〈回数〉

〈種類〉のＰ型と〈回数〉のＰ型

やはり参考までに、effort が単数のケースも示しておきたい。

My effort to raise money for the project has failed. Z

（わたしはそのプロジェクトのための資金集めに一生懸命になったが、そうした努力は実を結ばなかった）

訳文は少々ぎこちないかもしれないが解釈は 1 つだけである。
次の例も P 型の解釈は 1 つだけである。

The radio broadcasted a typhoon warning at 6 o'clock. **Ⓐ**

（6 時に台風警報がラジオから流れた）

The radio broadcasted typhoon warnings all day. **Ⓟ**

（終日、台風警報がラジオから流れた）

　訳文を読めばこの相違は一目瞭然だと思うが、最初の A 型に
おいては警報が一度だけ、それに対して次の P 型においては何
度も何度も出されたという状況がわかるであろう。

　空港へ行くと Arrivals/Departures という表示が目につくが、
どちらも P 型になっている。到着便・発着便のゲートを意味す
るが、これを見るとどんなイメージが浮かんでくるのかネイ
ティブ・スピーカーに尋ねると、「複数形になっているので、
何回もいろいろな飛行機が離陸、着陸している様がイメージで
きる」という。

　また、smile（ほほ笑み）、noise（雑音）、silence（静けさ）
などの P 型も〈回数〉を表しているケースが多い。以下にそれ
ぞれの例文を示した。

Tears turned into smiles when I gave her a puppy.

（彼女に子犬をあげたら、それまで泣きやまなかったのがニコニコ顔に変わった）

His silences bother me more than his carpentry noises.

（彼が大工仕事で立てる音より、ときどき黙り込む結果生じる静けさのほうが
わたしには嫌だ）

His convictions are mainly drug related.

（彼は何度も有罪になったが、その多くは麻薬関係である）

　次の P 型も、何度も何度も、という感じを与えるので、〈回数〉を表すと解釈できる。

We are concerned with security leaks.
（われわれは機密漏れに憂慮している）

　すなわち、一度だけ漏れたとしても心配の種にならないが、何度もそういうことが起きれば憂慮すべき事態が生じる、と話し手たちが認識していることが伝わってくる（文脈によっては、P 型の一般的・総称的とも解釈できるが）。

複数形

P 型

1.5.

唯一の存在の〈相〉を表すP型

　では、winterやworldのように、それが指す対象が1つしか存在しない名詞がP型になった場合、いったい何を数えるのだろう。そもそも基本概念としては1つしかないのだから数えられないが、唯一の存在であっても、その〈あり様〉とか〈相〉、あるいは部分に注目すれば、「いち、に、さん」の世界は可能である。

　たとえば、冬という季節は1つしかないが、それでも冬の〈あり様〉、あるいは〈相〉に注目すれば、P型が可能となる。

For the last five years we have had very cold winters.
（最近の5年間、われわれは非常に寒い冬を経験した）

　「世界」（world）も1つしかないから、P型にできないと思うかもしれないが、実は可能である。その理由は、「世界」にもいろいろな〈相〉が考えられるからである。

We once thought there was one world, but now we have many worlds.
（かつて世界は1つだと考えていたが、今や世界はいくつもある）

　内容はちょっと哲学的かもしれないが、西洋人の発言として、今までは世界はヨーロッパ1つだけだと考えていたが、アフリカ、中東、アジアと、いろいろな世界が存在することがわかった、というような場合と理解できるだろう。

　「空」（sky）も、ふつうに考えると1つしかない。しかし、天候や空の〈状態〉に注目すれば、gray skies、cloudy skies、 evening skies などと言える。英文法書などには、

We are going to have sunny skies **tomorrow.**
（明日は晴れるだろう）

のように、天候を言い表す場合に複数形を使うと説明されている。天候にもいろいろな〈あり様〉があると考えると、納得がゆく。

　ただし、sky の P 型は天候の〈あり様〉を表すだけではない。次の例文を見てほしい。

Every day jets are flying in the Tokyo skies. **ᴾ**
Every day jets are flying in the Tokyo sky. **ᶻ**

　とくに訳さなければならないほど難しい文ではないと思うが、問題は P 型の意味である。今までの例から考えると、話し手がいろいろな空の〈あり様〉をイメージしながら話をしているから P 型になっているのだ、ということになるが、果たしてそうなのだろうか。

　実は、この場合の sky には、「上空」という日本語が最もぴったり合うと思われる。日本人的発想では想像もできないが、英語を母語とする人たちは空を、いろいろな場所の上空から構成されると考えている。たとえば東京の空は、新宿の上空、池袋の上空、渋谷の上空、銀座の上空など、いくつもの上空からできているというふうに。

　こういうイメージを強く出して訳したければ、この P 型は「ジェット機は毎日、東京の空をいろいろな方向に飛びかっている」と訳せる（あるアメリカ人は「成田空港から横浜くらいまでの空域」をイメージすると説明した）。これに対して、単

数のほうの訳は「ジェット機は毎日、東京の空を飛んでいる」で、あまり味のない表現となる。同様に、

He was happy to be flying in European skies again.
（再びヨーロッパの空を飛ぶことができて彼はうれしかった）

　この文を読むと、話し手がイタリアの上空、フランスの上空、ドイツの上空などを思い浮かべながら話しているのがわかるだろう。ここでは European skies をたんに「ヨーロッパの空」と訳したが、文脈によっては、「ヨーロッパの国々の上空」などと、より具体的なイメージを出したほうがよい場合もあるだろう。

1.6.

固有名詞の P 型

固有名詞は原則、不可算だが、複数形になったり不定冠詞が付いたりするものもある。とくに注意すべき用例をあげておく。

【 人名

たとえば、画家のピカソ（Picasso）の場合、2つのケースが存在する。1つは彼の作品を意味するケース、2つ目は大きな才能を持った人たちを指すケースである。まず、1つ目。

He says that he owns two Picassos, but I have never seen them.
（彼は、ピカソの作品を2点所有していると言っているが、わたしは見たことがない）

The other day I was able to see a big Picasso exhibition that covered almost his entire life. I never saw so many Picassos in my life.
（先日、ピカソが生まれてから死ぬまでの大回顧展を見ることができた。今までわたしは、これだけ多くのピカソ作品を見たことがなかった）

2つ目のケースとして、次の例文をあげる。

We have several future Picassos in our class.
（われわれのクラスには、ピカソのような画家になりそうな生徒が数人います）

画家以外では、たとえば、物理学者のアインシュタイン（Einstein）でも次のような文が作れる。

We have several Einsteins in our class.

（われわれのクラスには、アインシュタインのような理数系の素晴らしい才能
を持った生徒が数人います）

▌ メーカーの名前

　工業製品などは、それを製造するメーカーの名前をＰ型にす
ると複数の製品を意味するが、いろいろな製品を作っている
メーカーの場合は、前後で製品の種類を限定する必要がある。
たとえば、

I own two Panasonics.

と言っても、文脈がなければ、パナソニックのどの製品なのか
は不明である。たとえばテレビについて話している状況があっ
て初めて、これが「パナソニック製のテレビを２台持っている」
いう意味だとわかる。
　一方、代表的な製品の種類が明らかなメーカーなら、文脈が
なくても、

I own two Toyotas.
（トヨタの自動車を２台所有している）

のように意味が限定される（ただし、乗用車か小型トラックか
わからない）。

地名

　次は、地名が P 型で使われる例である。人名の場合、その人の作品などを意味したが、地名の場合は、その土地が持つ特徴を意味するようになる。

When you go to Kyoto, you will see two Kyotos, a new Kyoto and an old Kyoto.
（京都へ行くと、2 つの京都が見られる。1 つは新しい京都、もう 1 つは古い京都である）

People came to North America to establish one America. Gradually it became two Americas, and in the end it became many Americas.
（人々は 1 つのアメリカをつくるために北アメリカへやって来た。徐々に 1 つのアメリカは 2 つのアメリカとなり、しまいには多くのアメリカとなった）

　「2 つのアメリカ」とは南北戦争を戦った北部と南部を指す。「いくつかのアメリカ」とは、21 世紀のアメリカを指し、移民がつくった文化的コミュニティがたくさんできたことを指す。

　なお、固有名詞の A 型については、Chapter 2 をご参照いただきたい。

複数形

P 型

1.7.

P型になると意味が変わる名詞

抽象名詞や物質名詞がP型で使われて〈種類〉を表すケースはすでに見た（p.22〜p.25）。ここでは、抽象名詞・物質名詞をP型にすると、元（Z型）の意味から変化する例を取り上げる。

▎ 抽象名詞

ideaという語は、次のように、Z型で使う場合とP型で使う場合とでは、意味の違いがある。

I have no idea. **Z**
（わたしには、さっぱりわからない）

I have no ideas. **P**
（わたしには、アイデアが1つもない）

I have no idea. という表現はI don't know. に似ている。というよりむしろ、I don't know. より強い表現と言ったほうが適切である。訳に「さっぱり」という言葉を入れたのは、そういう理由からである。

P型にすると可算となるので具体的なイメージが強くなり、訳としては「アイデア（考え、着想）」という、具体性を表す日本語を使いたくなる。いずれの文も日常会話でよく使われるが、わたしの経験から言うと、前者を使う機会のほうが多いようだ。

Ｚ型とＰ型（抽象名詞）

　もう少し、両方の例をあげておこう。

I have no idea what he is talking about. **Z**

（わたしには彼が何を言っているのかさっぱりわからない）

**I have no idea where you can buy good bread around
here.** **Z**

（この付近ではどこへ行けばおいしいパンが買えるのか、さっぱりわからない）

I want to write about Japan, but I have no ideas yet. **P**

（日本について本を書きたいが、まだ〔適当な〕アイデアが浮かんでこない）

**He will never advance very far in his company because
he is a man who has no ideas.** **P**

（彼はアイデアのない男だから、会社ではたいして出世しないだろう）

　次に、memory や life という抽象名詞の例も見ておこう。

I have no memory of that night. `Z`

（わたしはその夜のことについて何ひとつ覚えていない）

　memory の Z 型は「記憶」を意味する。不可算で、一般的で漠然としたイメージがある。P 型にすると、下の例文のように、可算的で具体的な「思い出」という意味に変わる。

I have many pleasant memories about our trip to Japan. `P`

（わたしには日本へ旅行したときの楽しい思い出がたくさんある）

　life も抽象名詞でいろいろな意味があるが、Z 型で使った場合、「生命」というような漠然としたものを意味し、P 型では「人、人命」「一生、生涯」など可算で具体的なものを指す。

Some people believe life on earth came from somewhere in the universe. `Z`

（ある人たちによると、地球の生命は宇宙のどこかからやって来たという）

A big accident took place on the highway and several lives were lost. `P`

（ハイウェイで大きな事故が発生し、何人かの命が失われた）

There was a fire at the zoo. Unfortunately, some animal lives were lost. `P`

（動物園で火事が発生した。残念ながら、何匹かの動物が犠牲になった）

My parents lived through the Second World War, but basically, they had happy lives. `P`

（わたしの両親は、第 2 次世界大戦の中を生き抜いたが、基本的には幸福な一生を過ごした）

　beauty（美）という抽象名詞のＺ型は、とくに説明の必要は
ないと思う。

Beauty cannot be defined in one word.
（美は、1語では定義できない）

　しかし、Ｐ型には注意が必要だ。抽象性が消え具体性が強く
なる（「美しいもの」を意味するようになる）点は、これまで
紹介した抽象名詞と同じだが、それが使える対象はいくつかに
限られる。ふつう、自動車、ヨット、馬、猫、犬などに対して
使う。人間に対しては、おもに男性が女性について使うことが
多いが、最近ではあまり使われないようだ。

These horses are real beauties.
（これらの馬たちは、実に美しい）

【 物質名詞

　物質名詞はふつうＺ型（無冠詞）で使い、物質性が表され
る。しかし、Ｐ型にすると、物質という抽象性が消えて具体的
になり、意味に変化が起こることがある。
　たとえば、light は無冠詞では、「光」という形のはっきりし
ないものを意味する。

I saw no light **there.** Z

は「そこは真っ暗だった」という意味である。これをＰ型にして、

I saw no lights there. <kbd>P</kbd>

とすると、「そのあたりには明かりが見えなかった」という意味になる。このように light の P 型は「明かり」という具体的なものを表し、話し手の頭の中には「複数の明かり」というイメージが出てくる。

もう 1 組、例をあげておこう。

When I went upstairs, I did not see light under his door. So I assumed he must have gone to sleep. <kbd>Z</kbd>
(2 階へ上がったとき、彼の部屋のドアの下から光がもれ出るのが見えなかったので、彼はもう寝入ってしまったのだろうと思った)

When I drove by my friend's house the other day, I did not see any lights. So I did not stop. <kbd>P</kbd>
(先日友人の家の前を自動車で通りかかったが、彼の家の明かりが消えていたので、立ち寄らなかった)

Ｚ型とＰ型（物質名詞）

最後に、ash、stone、glass を使って、Ｚ型の、不可算性が前面に出るケースとＰ型にした場合とを比較してみる。Ｚ型の

物質性と P 型の具体性との違いを味わってほしい。

What is on your sleeve?—I got ash on my sleeve when I bumped against the barbeque. Z

（あなたの袖についているものは何ですか。──肘がバーベキューにあたったときに付いた灰です）

What is that on the ground?—That is the ashes left after I burned the trash. P

（地面の上にあるのは何なの？──先程ゴミを燃やした際に残った燃えかすです）

Since this building is made of stone, it is very cool especially in the summer time. Z

（この建物は石で造られているので、とくに夏の間はとても涼しい）

He picked up stones and threw them one by one into the river. P

（彼はいくつかの石ころを拾って、川の中へ1つずつ投げ込んだ）

He spent two hours cleaning the mess caused by breaking glass. Z

（彼は2時間かけて割れたガラスの後片づけをした）

When he got up, he bumped a table by accident, and everybody thought the glasses on the table were going to break, but miraculously nothing happened. P

（彼が立ち上がった際、偶然テーブルにぶつかり、テーブルの上のガラスのコップが下に落ちて割れると皆は思ったが、奇跡的に何も起こらなかった）

He looks very dignified when he wears glasses. P

（彼は、メガネをかけると、非常に威厳があるように見える）

複
数
形

P
型

1.8.

慣用の P 型

　最後に、慣用的にいつも P 型で使われる語をあげておきたい。

　まず、feeling である。この語は、「感情」や「気持ち」という意味では、次の例のように慣用的に P 型で使われる。

Feelings are not expressed much in public in Japan.
（日本では公には感情はあまり表現されない）

I have mixed feelings about it.
（わたしはそれに対して複雑な気持ちを抱いている）

I hurt her feelings.
（わたしは彼女の心を傷つけた）

He has no feelings.
（彼は感情がない人です）

　では、Z 型の feeling はどういう意味だろうか。

He speaks to me with feeling.
（彼はわたしに情感を交えて話す）

I have no feeling in my foot.
（足の感覚がなくなった）

　参考までに、A 型と T 型の例も紹介しておきたい。日常会話でよく使われる。

I have a feeling that we are going to have rain
tomorrow. A

I have the feeling that we are going to have rain
tomorrow. T

（わたしは、明日、雨が降るような気がする）

　この２つの文ではＡ型もＴ型も結局はほぼ同じ意味だが、両
者の間にはニュアンスに差がある。Ａ型だと、そういう気持ち
がする、という軽い感じ、それに比べてＴ型では、そのような
気持ちがしてならない、ともっと感じ方が強くなるのである。
両者とも日常会話でよく使われるので、覚えておくと表現に幅
が出てくるだろう。

　次に brain という語。通常、この語はＰ型にすると「知力」
を意味するようになると英和辞典などに説明され、例文が紹介
されている。これも慣用的な表現である。

She has brains.
（彼女は頭がよい）

　繰り返しになるが、われわれは複数という概念を言語の中に
取り込まなかったために、言語に表れる複数は苦手である。と
くに、こうした慣用的な用法は難しい。たとえば、相当英語が
できる人でも「おめでとう」と言うとき、Congratulations! と
語尾のｓまではっきり意識している人はあまり多くない。同様
に、「こんにちは」の Greetings. も語尾のｓを付けずに使われ
ているのを頻繁に見たり聞いたりする。次のような regards も
Ｐ型にできる人は案外少ない。

複数形

Ｐ型

Please give my regards to your wife.
（奥さんによろしくお伝えください）

　慣用的に使われる P 型をさらにあげておこう。

He refused on moral grounds.
（道徳的見地から彼は拒否した）

I owe him thanks.
（わたしは彼にお礼を言わなければならない）

He sends his apologies.
（彼は欠席します）

　apology の P 型は、上の例以外に、謝罪するときに I apologize. の代わりとして、My apologies. という決まり文句でよく使われる。

I should have written to you sooner. My apologies.
（もう少し早くお手紙を書くべきでした。おわびします）

　以上のほか、「数」とは無関係につねに P 型で使われる語として、savings（貯金）/headquarters（本部）/arms（兵器）を覚えておきたい。

　最後にあげるのは、慣用というより、意味を考えたら P 型にするのが当たり前（合理的）と思われるかもしれない例である。どのケースにおいても複数のものが関与している。

We are friends.

（われわれは友だちです）

We shook hands.

（われわれは握手した）＊I shook his hand. の場合は単数。

At Christmas we exchange gifts.

（クリスマスの季節に贈り物を交換する）

At the next station we need to change trains.

（次の駅で電車を乗り換える必要がある）

同様に、合理的に考えて２つないと機能として不十分だと考えられるものも、常にＰ型になる。

trousers（ズボン）、**jeans**（ジーンズ）、**pants**（「下着のパンツ」と「ズボン」の意味があり、どちらの意味かは文脈による）、**glasses**（メガネ）、**scissors**（はさみ）、**pajamas**（パジャマ）、**gloves**（手袋）、**shoes**（靴）、**sneakers**（スニーカー）、**boots**（ブーツ）、**slippers**（スリッパー）、**headphones**（ヘッドホン）、**earphones**（イヤホン）

複数形

Ｐ型

Chapter 2

不定冠詞：Ａ型

2.1.

不定冠詞が持つ2つの側面

　最初に、次の文がどういう状況で使われるかを考えていただきたい。

I know a beautiful woman.

　「わたしはある美しい女性を知っている」という意味だが、この後に、その女性について、たとえば、名前を言ったり、学生か社会人かなどについて説明する文章が続くと思われる。

　注目すべきは、話し手は「この美しい女性」がだれかを知っているという点だ。つまり、a beautiful woman は話し手にとって〈特定〉されており、決して〈不定〉ではないのである。a/an は一般的には不定冠詞と呼ばれ、可算名詞の前に置き「任意の1つ」を意味する（本書では、名詞に不定冠詞が付く形を「A型」と呼ぶ）、と説明されるが、その用法をあらためて見直すとき、この例は非常に興味深い材料を提供してくれる。

不定冠詞の一般的なイメージ

〈特定〉を表す用法

　上の例を考えると、a/an には、「特定の１つ」を意味する性質がありそうである。まず、そのような A 型の例文をいくつか考えてみたい。

① **I have a book that was printed in the 17th century.**
　　（わたしは 17 世紀に印刷された１冊の本を所持している）

② **I bought a sweater in Italy.**
　　（わたしはイタリアでセーターを１枚買った）

③ **I have a pen in my hand.**
　　（わたしは手に１本のペンを持っている）

④ **A fat person came to see me this morning.**
　　（ある太った人が今朝、わたしに会いに来た）

⑤ **I saw a giraffe at the zoo last week.**
　　（先週わたしは動物園で１匹のキリンを見た）

⑥ **I just finished watching a movie on TV.**
　　（わたしはテレビで映画を見終わったところです）

　以上の文が表す状況では、最初にあげた I know a beautiful woman. と同様、「わたし」が直接関与している。たとえば、①の「本」や④の「太った人」がどんなもの・人なのか、「わたし」は具体的に知っているのである。したがって、色文字で示した対象は、話し手にとって〈特定〉のものということになるだろう。では、次のような文はどうだろうか。

⑦ **She has a boyfriend.**
　　（彼女にはボーイフレンドがいる）

⑧ He opened the box that came in the mail and found a USB memory inside.

（彼が郵便で送られてきた箱を開けると、なかには USB メモリーが入っていた）

⑨ He had a telephone installed yesterday.

（彼は昨日、電話を取りつけてもらった）

⑩ My grandfather was the manager of a restaurant in New York.

（わたしの祖父はニューヨークで、あるレストランのマネジャーをしていた）

⑪ A mathematician gave a very interesting talk on fractals on TV last night.

（ある数学者が昨夜テレビでフラクタルについて大変に興味深い話をした）

①〜⑥の文とどこが違うかというと、これらの文が表す状況には、話し手が対象に実際に会ったり、直接目撃していない可能性も含まれているという点である。たとえば、⑦の She has a boyfriend. には、

（A）わたしは彼女のボーイフレンドに会ったことがある。

という場合のほかに、

（B）わたしは会ったことはないが、彼女にはボーイフレンドがいるのを知っている。

という場合も想定できる。たしかに、このように区別できるだろうが、やはり（A）も（B）も「特定の１つ（一人）」を意味している。むろん、（B）はその度合いがだいぶ薄れてはいるが、

その当事者（ここでは She）にとっては「特定の１つ」にちがいない。

　ということは、A 型には、話し手が第三者から聞いたことで、直接に経験しなかったことでも、あたかも「特定の１つ」のようにして表せる機能があることになる。

　以上の 11 の例を見たかぎりでは、a/an は「特定冠詞」と呼んでもいいような面を持っていそうである。

〈不定〉を表す用法

　だが一方で、一般的に考えられているとおり、A 型には〈不定〉を意味するケースがたしかにある。例文をあげよう。

⑫ **A beautiful woman would be a good addition to the cast of this play.**
（この劇の配役の中に美人を加えることはよいことだと思われる）

⑬ **A book would make a good companion on your trip.**
（書物があれば、それはあなたの旅のよき伴侶となるであろう）

⑭ **I need a sweater.**
（わたしはセーターが必要です）

⑮ **Do you have a pen?**
（あなたはペンを持っていますか）

⑯ **A fat person would not be suitable for this modeling job.**
（太った人はこのモデルの役にふさわしくないだろう）

⑰ **I wish I had a boyfriend.**
（わたしにボーイフレンドがいたらなあ）

⑱ Is that an ear or a horn on that animal?
（あの動物に付いているものは、耳ですか、それとも角ですか）

⑲ A telephone would be useful on the second floor of the house.
（あの家の2階に電話があれば、便利だろう）

⑳ He is thinking of opening a restaurant in New York.
（彼はニューヨークでレストランを開こうと思っている）

㉑ Our university is planning to hire a mathematician next year.
（わたしたちの大学では来年、数学者を一人採用する予定です）

㉒ There is no way an ordinary citizen can keep a giraffe.
（一般の市民にキリンを飼うことは無理である）

　これらは明らかに〈不定〉の意味しか持っていない。話し手は個々のものについて何も知らないわけで、だいたいにおいて一般的な事柄の記述に使われるようである。

　このようにしてみると、A型にはまったく相反する2つの性格が備わっているのがわかる。一方では「特定の1つ」を指すのに対して、他方では「どれでも、任意の、不定の1つの」ものを指し、これはどう考えても不可解というしかない。

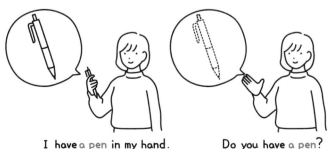

I have a pen in my hand.
〈特定〉

Do you have a pen?
〈不定〉

不定冠詞の2つの側面

【 不定冠詞と呼ばれるのはなぜか？

　一般的に、われわれが文章を書いたり話したりするのは、コミュニケーションのためである。情報や意思の伝達は、その送り手（話し手）とその受け手（聞き手）の二者があって初めて成立する。ということは、話し手がある内容を伝えたいとき、それが話し手にとっていかに自明であっても、もし聞き手にとってそうでなければ、話し手はあたかも、それがまったく新しい未知のことのようにして話さなければならない。そうしないと、聞き手は何が話題になっているのかまったくわからず、したがって情報や意思の伝達が成立しえないからである。

　今こう考えてみると、たしかにA型には〈特定〉と〈不定〉の相矛盾する側面が同居しているが、それは話し手の側から見た場合だけにそういえることがわかるだろう。つまり、たとえ今話題にされている人物、あるいは事柄が話し手にとっていかにかけがえのない、世界で唯一の「特定の１つ」という存在であっても、そのことについて初めて耳にする聞き手にとっては、会ったことも聞いたこともないものであるし、それはやはり〈不定〉の存在でしかありえない。

　ということは結局のところ、話し手の側に存在する〈特定〉〈不定〉の二重性は、聞き手の側に立つと〈不定〉だけの世界へと還元されてしまう。これが、a/an が不定冠詞と呼ばれるゆえんである。だが、本書の目的は名称についてうんぬんすることではなく、あくまでも冠詞の本質に切り込むことにある。その点において、A型の「ある」あるいは「ある種の」という〈特定〉の側面と、一般的・総称的な意味の〈不定〉の側面の区別は無視できない。

抽象名詞について考える

　さて、すでにお気づきかもしれないが、先にあげた①〜㉒の例文はすべて普通名詞の例である。普通名詞の場合は特殊な場合を除き、無冠詞で使うことはないので、Ａ型にすべきかＺ型にすべきかの問題は起こらない。しかし、抽象的な概念を表す抽象名詞には、その性質から当然と思われる無冠詞のＺ型に加えて、Ａ型が（したがってＰ型も）可能になるものがあるから厄介である（実は、Ａ型やＰ型でしか使えないケースも多くあり、これについては、のちほど詳しく見る）。われわれ日本人にとっては大変に困った存在だが、これから、できるだけ多くの具体例に接することによって、この問題に対処する方法を探ってみたい。

抽象名詞の抽象度に着目

　抽象名詞は、一般的に、〈概念〉や〈ジャンル〉、〈カテゴリー〉、また〈状態〉など漠然としたものを表す、とされているが、はっきりとした定義がないので非常に困る。まずは、その多様さを見るために、その一部を以下に羅列した。

abortion（妊娠中絶）、access（アクセス）、accident（事故）、adjustment（調節）、attack（攻撃）、beauty（美）、birth（誕生）、breakthrough（突破口）、clash（対立）、collision（衝突）、courage（勇気）、death（死）、diplomacy（外交）、disturbance（乱れ）、divorce（離婚）、donation（寄付）、drop（降下）、

emergency（緊急事態）、explosion（爆発）、forecast（予測）、freedom（自由）、friendship（友情）、glimpse（ちらりと見えること）、god（神）、hunch（予感）、humility（謙遜）、justice（正義）、kindness（親切）、knowledge（知識）、lack（不足）、love（愛）、health（健康）、marriage（結婚）、memory（記憶）、pattern（パターン）、principle（原理、原則）、privacy（プライバシー）、prediction（予測）、proposition（提案）、progress（発展）、peace（平和）、rise（上昇）、search（捜索）、security（安全保障）、shock（ショック）、speed（速度）、stop（停止）、surprise（驚き）、time（時間）、truth（真理）、use（使用）、value（価値）、virtue（徳）、wisdom（知恵）

　上記の抽象名詞がすべて Z 型で使われると考えていると、とんでもない誤りを犯すことになる。

　たとえば god（神）については、キリスト教などの一神教の神の場合、God と大文字の Z 型だが、多神教の場合、小文字、そして当然のことながら A 型も P 型も可能となる。

　また kindness（親切）はふつう Z 型だが、古い使い方であるものの P 型でも使える。freedom（自由）は、合衆国憲法などで P 型が使われており、「自由」の〈種類〉（信教の自由、言論の自由など）が問題にされるときにはよく P 型が使われる。

　さらに、justice（正義）や love（愛）なども特殊な状況で P 型が可能であり、truth（真理）も宗教や政治などの文脈では P 型も可能である。ただし、日常会話でこれらの A 型や P 型はお目にかかったことはない。

　これらの抽象名詞を見ていると、1 つ気づくことがある。それは、抽象名詞と一口にいうが、詳しく見ると、抽象度がそれぞれ異なることである。ある名詞の抽象度は非常に高いが、別

の名詞はそんなに高くない。<mark>抽象度の低い名詞は、漠然とした状態を記述するのでなく、かなりはっきりしたことを記述している。</mark>

　もう少し具体的に検討したい。次の表は、抽象名詞と思われるものをいくつか選び、それぞれの語が（　　）内に記された意味において、A型、P型、Z型のいずれで使われるかを示した。これらの語は、無作為に集めたのではなく、動きや変化の側面があり、個別的な印象を与えるものを意識して選んだ。

action（行動）	A・P・Z
accusation（非難）	A・P
adjustment（調整）	A・P・Z
abortion（妊娠中絶）	A・P・Z
accident（事故）	A・P
attack（攻撃）	A・P
birth（誕生）	A・P・Z
breakthrough（突破口）	A・P
change（変化）	A・P・Z
clash（対立）	A・P
collision（衝突）	A・P
compromise（妥協）	A・P・Z
disappointment（失望）	A・P・Z
death（死）	A・P・Z
decision（決定）	A・P
difference（相違）	A・P
disaster（災難・失敗）	A・P・Z
disturbance（乱れ）	A・P・Z
divorce（離婚）	A・P・Z
donation（寄付）	A・P
drop（降下）	A・P

emergency（緊急事態）	A・P
explosion（爆発）	A・P
glimpse（ちらりと見えること）	A・P
forecast（予測）	A・P
hunch（予感）	A・P
marriage（結婚）	A・P・Z
mistake（間違い）	A・P
murder（殺人）	A・P・Z
noise（雑音）	A・P・Z
opera（オペラ）	A・P・Z
opinion（意見）	A・P・Z
pattern（パターン）	A・P
pain（痛み）	A・P・Z
prediction（予測）	A・P
proposition（提案）	A・P
protest（抗議）	A・P・Z
rise（上昇）	A・P
shock（ショック）	A・P・Z
speed（速度）	A・P・Z
stop（停止）	A・P
search（捜索）	A・P
surprise（驚き）	A・P
reputation（名声）	A・P
reaction（反応）	A・P
trip（旅行）	A・P
update（更新）	A・P
war（戦争）	A・P・Z

不定冠詞

A
型

　一見してわかることは、これらの名詞はすべてA型・P型で使えること、Z型で使えるものがむしろ少ないことある。もちろん、文脈によるだろうが、抽象名詞はふつうZ型で使われる、

という説明は考え直したほうがよいと思われる。

　先程、抽象名詞の「抽象度」について触れたが、実は、同じ語であっても、その語の抽象度（意味）をどうとらえるかによって、Ａ型、Ｐ型、Ｚ型のどの型で使うのかが変わってきそうである。

　まず、war（戦争）を例に取ってみよう。

① **I hate** war.
　（わたしは戦争を憎む）

　「戦争」という抽象的な〈概念〉を表すとき、Ｚ型が使われる。「戦争とは何か？」というときの「戦争」もＺ型である。

② **Those two countries are at** war.
　（これらの２つの国は、戦争状態にある）

　平和の状態とは異なる、戦争という〈状態〉を表現する場合、Ｚ型になる。この場合の war は①よりも抽象度は低いものの、やはり漠然としたイメージである。

③ **We are having** a war **on cancer.**
　（われわれは今、ガンとの闘いをしている）

　この war は「ガンとの戦争」というように〈種類〉が〈特定〉されている。①や②と比べて具体的であり、これくらい具体性が出てくると、Ａ型で使われるようである。

④ **If those two leaders keep threating each other, they are going to start** a war.
　（もしあの二人の指導者が互いに脅し合いを続けるならば、彼らは戦争を始めるだろう）

　この「戦争」は、始まりと終わりがある程度明確な、具体的な〈出来事〉であるから A 型になる。参考までに次の例も紹介しておきたい。

(A) war **broke out between those two countries.**
（戦争があの 2 つの国の間で勃発した／あの 2 つの国の間は戦争状態になった）

　この例文では A 型と Z 型の両方が可能であり、〈出来事〉ととらえれば A 型になる。〈状態〉と解釈すれば Z 型で使われ、2 つ目の訳になる。

　以上のように war という抽象名詞は、Z 型（無冠詞）で使うと〈概念〉または〈状態〉を表し、A 型で使うと〈種類〉または〈出来事〉を表すといえるだろう。

　もう 1 つ、opinion（意見）という語を見てみよう。

Opinion **differs among people on the subject of nuclear power.** Z
（原子力に対する考え方は人々の間で異なる）

　この opinion は、「意見」というより「考え方」という〈一般的概念〉を意味しているので、Z 型で用いられている。「意見」なら、具体性が表れるので、次のように、P 型のほうが自然である。

Opinions **differ among people on the subject of nuclear power.** P
（原子力に対する意見は人々の間で異なる）

　上のような訳も可能だが、P 型の「いろいろな」というイメージを生かして「原子力に対して人々はいろいろな意見を持っている」という訳もできる。したがって、an opinion と A 型にし

た場合も具体性が表れ、以下のような文で用いられる。

I have an opinion on the subject of nuclear power. ◀ A

（わたしは原子力の問題についてある意見を持っている）

　この opinion は「原子力の問題についての」という具体性を
持ったものなので、A 型になっている。これは、この Chapter
の冒頭で説明した A 型が持つ〈特定〉の用法にほかならない。

　このように、opinion という抽象名詞は、Z 型で〈一般的概念〉
を表す点は war と同じだが、P 型で〈種類〉、A 型では〈特定〉
の意味になる。

　例としては 2 つの単語をあげたのみだが、一般的に、抽象名
詞の Z 型／A 型／P 型それぞれが表す意味は、以下のように整
理できる。

Z 型	一般的・概念的な事柄、状態、カテゴリー
A 型	出来事、種類、特定、不定、その他
P 型	種類、出来事

　上であげた opinion の A 型は〈特定〉用法の例だが、普通名
詞と同様に〈不定〉の用法もある。また、厄介なことに、〈出
来事〉、〈種類〉、〈特定〉、〈不定〉のいずれにも当てはまらないケー
スがあるので、〈その他〉という分類を設けた。さらに〈不定〉
などの用法と分類したものの中に〈出来事〉的な要素が含まれ
ているものもあることを注意しておきたい。

抽象名詞の A 型

　それでは、以上を踏まえて、抽象名詞がどういう場合に A 型で使われるか、あらためて見てみたい。まず、抽象名詞の A 型の〈特定〉と〈不定〉の用法である。

〈特定〉を表す A 型

I went to see an opera yesterday.
（昨日、あるオペラを見に行った）

I just finished watching an opera on TV.
（テレビであるオペラを見終わったところです）

　最初の文は、たとえば Where did you go yesterday? という質問に対しての答え。2 つ目の文は、You took a long time to answer the door. What were you doing? というような質問に対する答えである。この 2 つの例文の状況では、話し手は自分が見たオペラについて、作品名や作曲家の名前などを知っているわけだから、こういう場合は〈特定〉を表す A 型が使われる。
　opera を Z 型で使うと、オペラという〈ジャンル（カテゴリー）〉を意味するので、"歌謡曲でもなく、ジャズでもなく、オペラを見た"、というニュアンスが強調される。たとえば、友人から電話がかかって来て、「今何をしているのか」とあいさつ程度に漠然と尋ねられたときのことを考えてみよう。こういう場合なら、次のように A 型と Z 型の両方が可能である。

I am listening to an opera. A
（あるオペラを聞いている）

I am listening to opera. Z
（オペラを聞いている）

　A型では「あるオペラ」を意味するが、その場合、話し手は
そのオペラがどんなオペラか知っているが、聞き手にはわかっ
ていない状況などが想定されるので、〈特定〉の用法といえる。
これに対してZ型はもっと一般的になり、ジャズでもなく、歌
謡曲でもなく、たんにオペラを聞いているという意味になる。

〈特定〉を表すA型と〈カテゴリー〉を表すZ型

　もう1つ別の例をあげたい。

I have pain **in my chest.** Z
（胸が痛い）

I have a pain **in my chest.** A
（胸のこのへんが痛い）

　まずＺ型は、「胸が痛い」と訳せ、非常に一般的な「漠然とした」痛みを指す。胸部のどのあたりが痛いのかわからない。それに対してＡ型は、胸部のどの部分かわからないが、「ある特定」の個所が痛いということを指す。

　もう少し詳しく言うと、Ｚ型は胸部全体の痛みを意味し、たとえ自分が医者であってもどこが痛いのかわからない場合に使われる。Ａ型はこれの逆といえる。どの部分が痛いのかわかるので、自分で痛い個所が指させるし、もし自分が医者なら具体的に器官の名前を言える、という意味で、このＡ型では、どこがどう痛いのかに関して〈特定〉されているといえる。

　これらの例から、抽象名詞がＡ型になると、何らかの具体性が表れることがわかるだろう。surprise（驚き）という抽象名詞が、次のような文脈では必ずＡ型になることを見ても、そのような規則性があることに納得がいくと思う。

I have a surprise for you.
（わたしには、あなたをびっくりさせること［もの］があります）

　「こと」か「もの」かは文脈によるが、いずれにしても、話し手はこれが何かを具体的に知っているので、Ａ型の〈特定〉用法であると考えられる。

　もう１つ、例を見ておこう。

Your car is making a loud noise. The engine needs an adjustment.
（あなたの自動車は大きな音を出していますね。エンジンにある種の調節が必要です）

　この場合、話し手は「大きな音」を聞いて、「どういう調節」が必要なのか、わかっているのである。その意味で、いずれも

不定冠詞　Ａ型

Ｚ型ではなく〈特定〉を表すＡ型が使われている。この adjustment はＺ型にもできるが、それは、どんな調節が必要なのか不明なときである。

〈不定〉を表すＡ型

　Ａ型になることによって抽象名詞に具体性が表れ、それが〈特定〉の対象なり事象なりと結びつくということは理解しやすいと思うが、Ａ型になった抽象名詞でも〈不定〉の側面を持つ場合がある、と言われると戸惑うのではないだろうか。いくつか例をあげて説明しよう。

A search must be undertaken at once in the case of a missing child.
（子どもが行方不明になった際は、ただちに捜査が始められなければならない）

　search がＺ型ではなくてＡ型で使われているのは、「捜査」という具体的な行為を表しているからだが、その捜査の規模や方法などについては、どんな可能性も考えられる。大規模なのか、小規模なのか、警察が関与するのか、自警団だけの捜査なのか、決まっていない。そういう意味でこのＡ型は〈不定〉を表しているといえる。

When you look at the data over the past decades, do you see a drop or a rise in gasoline prices?
（過去数年間のデータから、ガソリンの価格に関して低下あるいは上昇のどちらを認めますか）

　この文では、ガソリン価格の変化について、「低下」や「上昇」がどういう形・程度であっても、そういうものが見て取れるか

どうかを尋ねている。したがって、drop も rise も〈概念〉としての Z 型ではなく、〈不定〉を表す A 型になっていると考えられる。

We need a decision **right now, not** (a) discussion.
（今必要なのは決断であって、議論ではない）

　ここで問題にされている「決断」も「議論」も、概念ではなく具体的なものだから、A 型になる。ただし、どういう決断か、どういう議論かは何も〈特定〉されていない。求められているのは、とにかく決断である、という意味で〈不定〉の側面を持っているといえる。注意しておきたいのは、「議論」のほうは、かっこの中に入れて（a）としたように、Z 型も同時に使える。その理由は、「議論」は長々と続く可能性があり、〈状態〉を表しているという解釈が可能になるからである。一方、「決断」のほうは、〈出来事〉の要素が強いので、A 型しか使えない。

　同様に以下の例文でも、抽象名詞が A 型で使われることによって、具体的な何かを指していて、その何かは特定されていないことが表現されている。

We think this is a murder, **not** a suicide.
（これは殺人であって自殺でないと、われわれは考えている）

A breakthrough **will be a long time coming.**
（突破口はなかなか見つからない）

An accident **would destroy his chance at getting barber's license.**
（事故を起こしたら、彼は、理容師の資格を得る機会を失うだろう）

不定冠詞

A 型

I heard a sound in the distance that sounded like an explosion.
（遠方で爆発のように響いた音を聞いた）

　また、次のような抽象名詞の A 型も存在する。

Oxygen is a gas at room temperature.
（酸素は室温では気体である）

Water is a liquid at room temperature.
（水は室温では液体である）

Gold is a solid at room temperature.
（金は室温では固体である）

　抽象名詞である gas（気体）、liquid（液体）、solid（固体）の Z 型は、物質の〈相〉を意味する。A 型にすると、それぞれ独立した〈相〉の総称になる。これらも、一般的・総称的な（〈特定〉されていない）ものを指すという意味で〈不定〉の側面を持つ A 型である。

〈種類〉を表す A 型

　次は、先に a war on cancer の例をあげて説明した、A 型が〈種類〉を表す場合である。一般的に、抽象名詞の前後に形容詞や句、節などの修飾語が付くと、その抽象名詞は〈種類〉を表す A 型になる。

The meeting broke up because of a clash of opinions.
（会議は意見が対立して解散となった）

　対立（clash）にはいろいろなものがあるが、ここでは of

opinions で修飾され、その〈種類〉が具体的になっているので、clash が A 型で使われていると考えられる。

It was a shock to hear he was involved in an attack on a Muslim mosque.
（ショックだったのは、彼がイスラム教のモスクの攻撃に関与していたと聞いたことだった）

　shock は to 以下の句が説明しており、その内容が具体的にわかる。だからこの A 型は〈種類〉を表していると解釈できる。一方、an attack のほうも on a Muslim mosque（モスクに対する）という修飾語句によって、〈種類〉を表す A 型であることがわかる。なお、これらは両方とも、のちほど説明する〈出来事〉と解釈することも可能かもしれない。

不定冠詞

A 型

There is going to be a collision between those two people on the issue of abortion.
（妊娠中絶の問題に関して二人の間で衝突が起こるだろう）

　「中絶に関して二人の間で」という説明によって「衝突」の〈種類〉が示されている。この場合も、〈出来事〉という解釈も可能だろう。

We have received a donation from organized crime. What should we do?
（犯罪組織から寄付があった。どうしようか）

　これも from organized crime によって、どういう〈種類〉の寄付かが明示されている。だから donation が A 型になっている。

I have a hunch that it will rain before I get to Kyoto.
(京都に着く前に雨が降り始めるのではないか、という感じがする)

　この「勘」の内容は、that 以下で説明されていて、「京都に着く前に雨が降るだろう」というものである。hunch の〈種類〉が示されているといえる。

I heard a noise, which turned out to be a crow walking on the roof.
(何か物音が聞こえたが、それはカラスが屋根の上を歩く音だった)

　which 以下で「物音」の〈種類〉が説明されている。

She has a reputation for excellent leadership.
(彼女は、素晴らしいリーダーシップの持ち主であるとの評判が高い)

　彼女の評判は for 以下の説明によってはっきりしている。つまり、評判の〈種類〉がはっきりしている。

We received a telephone communication last night from each of our bases. ◀ A
(昨夜われわれは、各拠点から電話による連絡を受けた)

　この文では、telephone という語が形容詞の役割を果たし、communication の〈種類〉を明確にしているので、A 型になっている。telephone の代わりに fax、e-mail などでも、同じように A 型となる。Z 型との違いを見ておこう。

We finally could establish communication with one of our bases. ◀ Z
(われわれはやっと拠点の 1 つと連絡をとることができた)

　この communication には修飾語句がなく、一般的なコミュニケーションを意味するので、Ｚ型になっている。

　Ｚ型との対比で例をもう１つ。

Compromise is needed in the Middle East. Otherwise there will be no solution to the problem. ◀ **Z**

（中東においては妥協が必要である。そうしなければ、この問題に関して解決はないだろう）

A compromise on the issue of coexistence between the Palestinians and Israelis is necessary before peace is achieved. ◀ **A**

（パレスチナ人とイスラエル人の共存に関して、ある種の妥協が見出されなければ、和平の実現はない）

不定冠詞

Ａ型

　Ｚ型は一般論であり、思弁的（机上の議論）であるのに対して、Ａ型は「２つの民族の共存の問題に関する」という説明を伴い、〈種類〉を表している。

　次の文の color もＡ型とＺ型が使えるが、Ａ型で使う場合、何らかの修飾句が必要となる。下の例文では「わたしに似合う」という修飾句を設けたので、色の〈種類〉が絞られているわけである。

I don't want to wear a white dress, I want to wear a color that looks good on me. ◀ **A**

（わたしは白のドレスではなく、わたしに似合う色のものを着たい）

　具体的な「１つの色」を意味するので、〈種類〉を表すと解釈できる。なお、color はＺ型でも使える。

Naturally color **costs more than black and white in newspaper ads.** Z

（当然のことだが、新聞広告では白黒よりカラーのほうが値段が高い）

　このＺ型は「色」を「一般的」に記述しているといえる。もう２例。

You need exercise. Z

（あなたは運動が必要です）

　このような一般的な内容では、Ｚ型しか使えない。しかし、exercise を修飾する句を付け加えると、運動の〈種類〉が明らかとなる。

You need an exercise **to strengthen your knees.** A

（あなたは、両膝を強化するための運動が必要です）

　この文では、to の修飾句によって運動の〈種類〉がわかる。だから、Ａ型である。同じように、次の例でも、Ｚ型からＡ型への転換は修飾語句の有無が関係している。

Speed **is the cause of most accidents.** Z

（スピードが多くの事故の原因である）

He was able to reach a speed **faster than any other runner.** A

（彼はほかのランナーより速いスピードで走ることができた）

　１つ目は、一般的なスピードを記述しているＺ型である。２つ目は、faster 以下の修飾句で speed の〈種類〉が決められているのでＡ型になっている。

　抽象名詞を使う際、Ｚ型かＡ型かどちらにすべきか迷ったな

ら、あるいはなぜ A 型が使われているのか疑問に思ったら、ここで説明した〈種類〉について考えてほしい。

形容詞で修飾されたときにだけ A 型になる語

〈種類〉を表す A 型についてもう 1 つ、説明したいことがある。それは、日常生活の中で比較的よく使われる抽象名詞の memory/distance/pressure/tension などについてである。これらの名詞は形容詞で修飾されているときだけ、A 型にできると考えてよい。実例をあげたい。

According to Mary, John has a good memory for faces.
（メアリーによると、ジョンは人の顔に関して優れた記憶力がある）

As a scholar he has an excellent memory.
（学者として彼は素晴らしい記憶力に恵まれている）

He came a long distance to meet me.
（彼は、わたしに会うために遠方からやって来た）

Taxi drivers in Japan are not happy about passengers who ride only a short distance.
（日本のタクシーの運転手は、近距離しか乗らない乗客をあまり歓迎しない）

That is quite a distance. I don't think you can walk that far in a day.
（それはかなりの距離です。1 日にそれだけ歩くことは無理です）

I felt a strange pressure in my lower back.
（腰の下のほうに妙な圧迫感があります）

I felt a strong tension in the meeting.
（その会合でわたしは、ある種の緊張感を感じた）

〈出来事〉を表す A 型

　ここには一般にいう「出来事」より、もう少し広義のものまで含まれる。たとえば、disappointment（失望）、disaster（惨事）、mistake（誤り）などの抽象名詞の A 型で、いずれも意味として中間がなく、程度を表すというより、「ある／ない」あるいは「オン／オフ」がはっきりしている抽象名詞までカバーする。これらの抽象名詞は、その事象が発生したことを表現する場合に A 型になる。つまり、「失望」にしても「惨事」にしても、半分だけ失望した、ということはない。失望したか、それとも失望しなかったのか、2 つのうちのいずれかしかない、という意味で〈出来事〉と表現した。

She had been depressed for many months working for the zoo, but she became extremely happy when she heard that a birth had taken place in the panda protection center.
（彼女は何カ月もの間、動物園で働き、うつ状態になっていたが、パンダ保護センターでパンダの誕生があったことを聞いてとても幸せな気持ちになった）

　「誕生」という語は、何かが起こったという印象が強く、〈出来事〉というイメージがある。この文脈から読み取れるのもパンダが生まれたという〈出来事〉である。

They will never be able to fire that doctor unless a death can be definitely attributed to him.
（彼らは、死の原因が確実にあの医師にあると証明できなければ、彼を解雇することは無理だろう）

　生命の誕生と同様に、「死」も〈出来事〉の印象が強い。

It was a mistake to invite him to a party.
（彼をパーティに招待したのは間違いだった）

We gave him a scholarship, but he turned out to be a disappointment.
（彼に奨学金を授与したが、期待外れに終わった）

From my point of view, he was a disaster as mayor.
（わたしから見れば、彼は市長としてダメだった）

　この場合の mistake や disappointment、disaster は、あることの結果に関するものであり、成功か失敗かの二者択一の概念に近い。そういう意味での〈出来事〉を表す A 型である。

不定冠詞

A 型

2.4.

唯一の存在の〈相〉を表すA型

　さて、話を再び普通名詞に戻したい。これは、Chapter 1の「1.5. 唯一の存在の〈相〉を表すP型」に対応するA型の一面である。P型は基本的に複数の世界であるから、本来1つしか存在しないものに対して使われた場合は、その対象の〈あり様〉や〈相〉がいろいろあることを表していると説明した。

　それに対してA型は単数の世界であるので、対象の1つの〈様相〉や1つの〈あり方〉を記述する。たとえば、月（moon）や太陽（sun）の〈相〉が次のように表される。

Which country has a crescent moon and a star on its national flag?
（三日月と星の印が入った国旗を持つのはどの国ですか）

A waning moon has inspired a lot of poets.
（月の欠けてゆく様子は多くの詩人の想像力をたくましくさせた）

Tonight the moon is wonderful. It is a full moon.
（今夜の月は素晴らしい。満月だ）

He slept soundly until an early-morning sun woke him.
（彼は早朝の太陽に起こされるまでぐっすり眠った）

　1つ注意しておきたいのは、太陽と月では微妙な違いがあることである。〈相〉が問題になるのは、太陽より月の場合が多く、これは多分、月の満ち欠けなど、その〈相〉の変化に気づく人が多いからだろうと思われる。

　また、春・夏・秋・冬といった季節も原則的に1つずつしか存在せず、一般的にはZ型が使われるが、それらのバリエーショ

ン（〈相〉の違い）が話題になるときにはＡ型が使われる。

We had a mild (severe/short) winter last year.
（昨年は比較的暖かい〔厳しい／短い〕冬だった）

　以上の例文からわかるように、〈様相〉や〈あり方〉をうんぬんする場合、名詞の前に形容詞を付することが多い。ただし、形容詞が付いているからといって自動的にＡ型になるというわけではないので注意してほしい。
　過去・現在・未来もまた、一般的には「唯一の存在」である。だから、ふつうはＴ型で使われる。しかし、たとえば「ハイテクの未来」というときには、未来の１つの〈あり様〉を表しており、次のようにＡ型にする。

She was appointed (the) director of the R & D division of a company that is seeking a future in high technology.
（彼女はハイテクの分野に未来を求めている会社の、研究開発部門の責任者に任命された）

　なお、Ａ型の問題とは無関係であるが、director はＴ型でもＺ型でもよい。役職はＺ型にすることが多いが、Ｔ型にしてもかまわない。
　われわれが住む「この世界」は１つしかないので、通常、world はＴ型で使う。しかし、現実世界の１つの〈相〉としての世界を記述するときはＡ型になる。

In a world where the use of self-driving cars is on the rise, it becomes vital to create new types of insurance and laws governing accident liability.
（自動運転の自動車がますます多く使われるようになっていく世界では、新しいタイプの保険や事故の責任に関する法律をつくることが非常に重要になる）

不定冠詞

Ａ型

Chapter 2

2.5.

A型になると意味が変わる名詞

　これも、Chapter 1 の「1.7. P型になると意味が変わる名詞」で取り上げた事例に対応するもので、抽象名詞・物質名詞がZ型からA型に変わった場合、A型でも同じような意味の変化が生じる。これは前に説明したように、A型は数える際の単位となるものなので、当たり前といえば当たり前である。いくつか例文を紹介しておきたい。前の Chapter と内容が重なるかもしれないが、復習のつもりで読んでほしい。

▌ 抽象名詞

　P型のところで idea を使った例文をいくつか紹介したが、ここでも idea の A型の例文を紹介しておきたい。

He has an interesting idea for the party next week.
（彼は、来週のパーティに関しておもしろいアイデアをもっている）

I have an idea about how to fund our project, but I don't want to disclose it now.
（わたしはわれわれのプロジェクトの資金の調達方法に関してあるおもしろいアイデアをもっているが、今、それを明らかにしたくない）

Do you have an idea what time it is now?
（今、何時だと思いますか）

　P型での説明をなぞることになるが、A型にしてももちろん可算になるので、具体的なイメージが強くなる。「アイデア（考え、着想）」というような訳がふさわしいだろう。次に、life を

使った例文。

He had a life in which nothing dramatic occurred.
（彼は平凡な人生を送った）

A precious life was lost in yesterday's fire.
（貴重な人命が昨日の火事で失われた）

　Ｚ型の「命というもの」というような漠然とした意味から変わって、Ａ型では「人生」「人命」「生物の命」など具体的なものを指すようになる。

life　　　　　　　　　　　a life

Ｚ型とＡ型（抽象名詞）

He is majoring in art. Ｚ
（彼は美術を専攻している）

　美術という学問分野を表す art はＺ型であるが、次のような文ではＡ型となる。

Nihonga is an art using mineral pigments. Ａ
（日本画は岩絵の具を使った美術の１つである）

　なお、この art/arts という言葉は、翻訳するのが非常に難しい。アメリカの大学で学部名を調べると、よく Arts and Sciences という表現にお目にかかるが、この arts が何を意味するのかわ

かりにくい。人文科学だと思っていると、社会科学も含まれたりしている。

物質名詞

　物質名詞はふつう Z 型で使うが、A 型にすると、その物質性が希薄になり、具体性が出てくる。たとえば、Z 型では stone は「石材」といった物質性が強調された意味だが、これを A 型にすると、具体的になると同時に可算となる。

He picked up a stone, and threw it into the river.
（彼は石ころを 1 つつかんで、それを川の中へ投げ込んだ）

　また、窓ガラスの glass は Z 型だが、これを A 型にするとガラス製のコップを意味する。

He bumped a table by accident, and everybody thought a glass on the table was going to be broken, but a waiter who happened to be there grabbed it and save it.
（不意に彼はテーブルにぶつかってしまった。皆はテーブルの上のグラスが下に落ちて割れてしまうと思ったが、たまたまそこにいたウェイターがそのグラスをつかみ、無事だった）

　物質としての「紙」は Z 型の paper だが、A 型にするといろいろな意味になる。

I have to finish a paper over this weekend.
（この週末に論文を仕上げなければならない）

　この a paper は、文脈によって「レポート」や「報告書」にもなる。さらに、

I want to buy a paper.
（新聞を買いたい）

をあげておこう。

　light は Z 型では「光」で、A 型にすると「明かり」となる。

I see a light in the distance.
（遠くに明かりが１つ見える）

　一般的に A 型と P 型は密な関係にあり、A 型が可能なら P 型も可能であり、その逆も真である。しかし、まれにこれが通用しないときがある。

What is that on the ground?—That is the ashes left after I burned the trash.
（地面の上にあるのは何なの？──先程、ゴミを燃やした際に残った燃えかすです）

　このように ash（灰）は P 型の ashes（燃えかす）が存在するが、A 型の an ash はない。

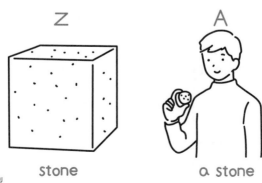

Z型とA型

2.6.

固有名詞の A 型

人の名前を A 型にすると、次のような意味になる。

I am sorry to interrupt the meeting, but a Mr. Bart James is on the phone, would you like to take the call or shall I have him call you again in an hour?
(会議中に失礼ですが、バート・ジェームズという方からお電話です。すぐにお出になりますか、それとも 1 時間ほどしてから電話してもらうように伝えましょうか)

He is certainly a 21st century Einstein.
(彼はたしかに、21 世紀のアインシュタインである)

He is a Mozart already at age ten.
(彼はすでに 10 歳にしてモーツァルトである)

また、P 型での説明の繰り返しになるが、人の名前を A 型にすると、画家の場合、その人が描いた「作品」を、またメーカーの名前ならその「製品」を意味する。しかし、小説家や作曲家に対しては使わない。つまり、A 型にしても作品名を意味しない。

A friend of mine claims to own a van Gogh, but I think it is a fake.
(わたしの友人は、ゴッホの、ある作品を所有していると言い張っているが、わたしは偽物だと思っている)

I wish I could drive a Ferrari.
(フェラーリの車を運転できたらなあ)

2.7.

〈単位〉としての A 型

　A 型には、次のように〈単位〉をつくる用法がある。一応、次のような〈単位〉となる表現が使われる。

I used to smoke at least a pack a day.
（わたしは一日に少なくとも煙草を 1 箱吸うのが常であった）

I work at a local supermarket three times a week.
（わたしは近所のスーパーで 1 週間に 3 度働いている）

I get paid ten dollars an hour.
（わたしは 1 時間につき 10 ドル賃金をもらっています）

　なお、最後の例と似た表現だが、「時給で」「日給で」という場合は A 型ではなく、次に見るように T 型を使う。

I get paid by the hour.
（給与は時給です）

I work at this restaurant by the hour [by the day].
（このレストランで時給で［日給で］働いている）

　注意しておきたいのは、この場合、by という前置詞があるのは T 型だけで、by a day とか by an hour とは言えないということである。

2.8.
参考までに

　A 型の説明を終える前に、不思議なケースを紹介しておきたい。それは、なぜ A 型が使われるのか、その理由がさっぱりわからないケースである。読者を混乱させるようだが、言語というものの不可思議さを示すためにあえて紹介しておきたい。

　最初はとても簡単な英文である。

You need a rest. **A**
（あなたは一服が必要だ）

　この A 型はどう理解したらよいのか。rest は抽象名詞だが、〈種類〉を表すとも〈出来事〉を表すとも思えない。この単語は次のように Z 型でも使える。

You need rest. **Z**
（あなたには休息が必要だ）

　これらの違いは、前者には時間的な区切りが感じられるのに対して、後者にはそれがないという点である。つまり、A 型だと短時間の休みで「一服」、Z 型だと長さについてはぼんやりした「休息」という感じである。この A 型は、わたしには、可算的な性格を持つ、ぼんやりとした「かたまり」を表すように思われる。次も似たような例である。

To see them talking in a friendly manner is a relief**.**
（彼らが仲良く話をしているのを見ると、ホッとする）

　次の例はどうだろう。

An airplane cannot fly in a vacuum.
（飛行機は真空の中を飛行できない）

　真空というのは、宇宙空間のように永遠に広がる、1つの〈状態〉だと思っていると、このような文に出会ったとき、驚くというより、ため息が出る。どう説明すればよいのだろうか。1つだけ考えられるのは、次のような仮説である。空気が充満した地球上で真空を作るには、容器や部屋を用意して、そこから空気を抜くしかない。だから、どうしても「入れ物」を想像する必要があり、可算のイメージが与えられたのではなかろうか。

　次の2つの例も非常に難しい。

It is a mess.
（これはめちゃくちゃだ）

　これは「混乱している、散乱して手がつけられない」などという意味である。どう考えても mess は〈状態〉を表しているので、Z型で使われるのが正しいと思ってしまうが、ご覧のとおり A 型で使われる。不思議である。

　今の例が A 型なら、次に示す例文は絶対に A 型に違いないと思っていると、Z型で使われる。不可思議である。

It is chaos.
（混沌としている）

　これは、Z型でしか使えない。chaos（発音は「ケイアス」。「カオス」というカタカナ発音は 99% 通じない）は〈状態〉を表すと考えると、何ら不思議はないが、1つ前の例文の mess を考えると、混乱する。

　この種の例は少ないので、例外として記憶しておいてほしい。

Chapter 3

定冠詞：T型

　本書では、名詞に定冠詞の the が付いた形を「Ｔ型」と呼ぶ。Ａ型と同様に、Ｔ型もその用法は恐ろしいほど多岐にわたっていて、とても全部を本書で網羅できるものではないし、たとえできたとしても、実用面ではあまり必要ないだろう。ここでは、基本的で代表的な用法の説明だけに限りたい。

　Ｔ型にはおもに用法が３つある。１番目は〈限定〉の用法、２番目は一般的・総称的用法、３番目は慣用的な用法である。

3.1.
〈限定〉の用法

【 〈既出限定〉

　Ｔ型の最も基本的な性格の１つで、最も頻繁にお目にかかる用法は、既出のものを指す指示代名詞的な用法である。普通名詞、物質名詞、固有名詞、集合名詞、抽象名詞などどんな名詞も、原則としてこのＴ型が可能である。以前に話題にしたもの・ことにもう一度ふれるとき、それが先に話題にしたものと同一のものであることを示すために、２度目に表れる同じ名詞は必ずＴ型にしなければならない。たとえば、

This morning I found a book in my mailbox. It was the book that I ordered a few months ago.
（今朝わたしは、郵便受けの中に１冊の本が入っているのを見つけたが、その本はわたしが数カ月前に注文したものである）

というふうに２度目の book はＴ型になる。さらに続けて、

I found the book in a book catalogue.

（わたしはその本を書籍カタログで見つけた）

と言えるが、この文でも本がＴ型なのは同じ本が話題にされているからである。しかし、book catalogue（書籍カタログ）はＡ型になっている。それは、初めて話題に入ってきたからであって、再度このカタログに言及するときには、当然のことながら、Ｔ型にしないといけない。この規定には例外はないので、ありがたい。問題は初出でもＴ型にしないといけない場合である。

〈初出限定〉

　初出の名詞であっても、それが〈限定〉されるときにはＴ型が使われる。では、その場合の〈限定〉とはどういう意味なのか。実例をあげて説明したい。

① The price **of books** has changed a great deal over the years.

（本の値段は長年の間に大きく変わった）

② The apartment **in which I live** is going to be renovated soon.

（わたしが住んでいるマンションはまもなく修復工事が行われるだろう）

③ This is the gun **used to kill Lincoln.**

（これはリンカーンを殺害するのに使われた銃である）

　①では、price の後ろに of books という語句があり、「何の値段か」がわかる。②では、apartment（日本語で言う「マンション」）が in which I live という関係代名詞節で修飾されていて、「ど

のマンションか」がわかる。さらに③では、「どの銃か」が
used to kill Lincoln という修飾句でわかる。

　このように、上の例文ではいずれも、名詞に関して何らかの
情報が加えられており、聞き手は話し手が具体的に何を指して
いるか絞り込むことができる。これが〈限定〉の意味であり、
名詞が〈限定〉されている場合には、初出であっても A 型では
なく、T 型が用いられる。

　ここで、A 型の説明のときに用いた〈特定〉という用語と〈限
定〉との違いについて触れておきたい。何かが〈特定〉されて
いるというときは、話し手は、その何かについて知っているが、
聞き手はその何かについて知らないことを意味する。それに対
して〈限定〉は、話し手と聞き手の両者がその何かを知ってい
る状況である。

　では、次に例に移ろう。

**We are looking for the person who stole our company's
secrets.**
（われわれは、わが社の秘密を盗んだ人を探している）

　この文では、上の①〜③と違い、何らかの知識が前提となっ
ている。つまり、相手が少なくとも盗難事件のことを知ってい
る必要がある。person が初出であっても、聞き手に盗難事件に
関して知識があれば、初出でも T 型にする。もし知らなければ、
A 型になる。

〈特定〉と〈限定〉

　聞き手に背景知識がある場合の例をもう2つ紹介しておきたい。たとえば昨日、近所で殺人事件が起こったとする。もし聞き手がこの事件について知っていたならば、たとえナイフについてはまったくの初耳であっても、

This is the knife which was used in yesterday's murder.
（これが昨日の殺人に使われたナイフです）

と、ナイフをT型にしないといけないわけである。殺人事件に使われたナイフを意味するからである。

　また、たとえば昨日コンサートが開かれたとする。もし聞き手がこのコンサートについて知っていたならば、次のような文では、たとえ歌手が初出であってもT型にしないといけない。

定冠詞

T型

This is the woman who sang yesterday.
（この女性が昨日歌われた方です）

　このように、今紹介した３つの例文においては、Ｔ型にした名詞それ自体について、たとえ聞き手は何も知らなくとも、もしその人が盗難のこと、殺人のこと、あるいはコンサートのことについて知っていたならば、これらの名詞は〈限定〉されたものとして扱えるわけである。

　ある名詞が指すものが前後関係からおのずと〈限定〉される場合も、この用法の延長線上にあるといえるだろう。たとえば、ある企業について話をしているときに話題が会長や社長に及べば、当然のことながら、初出であってもＴ型を使われなければならない。

修飾語句の有無は関係ない

　先程、

② **The apartment in which I live is going to be renovated soon.**
（わたしが住んでいるマンションは、間もなく修復工事が行われる）

という文を、名詞に何らかの情報が加えられているときの〈初出限定〉の例としてあげたが、この文を apartment が初出だという条件は変えずに、次のように書き直すと、一般的にはＡ型のほうが自然な文になる。

②´ **I live in an apartment which will be renovated soon.**
（わたしは、まもなく修復工事が行われるマンションに住んでいる）

　Ａ型になっているのは、「まもなく修復工事が行われる」という情報だけでは、「マンション」を〈限定〉できないからである。ふつうに考えれば、「まもなく修復工事が行われる」マンションは世の中にいくつもあるはずだ。これをもしＴ型にすると、「修復工事が行われるマンションはこの世の中に１つしか存在しない」という特殊な状況を想定することになる。したがって、一般的な状況であれば、Ａ型のほうが自然であるのはいうまでもない。もちろん、すでに話題にしたマンションのことを再度話題にする場合には、Ｔ型が使われる。

　このように、初出でも名詞に修飾語句が付いているからといって、自動的にＴ型になるわけではない。あくまでも、その名詞が〈限定〉できるかどうかがポイントである。そのように考えれば、

We are looking for a person **who can type more than 80 words per minute.**
（われわれは１分間に 80 語より多くタイプできる人を探している）

という例文において、なぜＡ型になっているのかは容易に理解できよう。もしＴ型にすれば、そのような人は世界に（論理的に言って）一人しか存在しないことになる。常識を持ち出すまでもなくそんなことはありえない。ここでは、毎分 80 語より多くタイプできればどんな人でもよく、われわれはそういう人を探している、というわけである。

定冠詞

Ｔ型

【 Z 型か T 型か

では、次の 3 つの文はどうだろうか。

④ **There are many countries in the world which
desperately need** assistance **from advanced countries.**
（世界中には先進国からの援助をどうしても必要としている国が多数ある）

⑤ **I am thinking of firing him, but I need** evidence **that he
is dishonest before I do so.**
（わたしは彼をクビにしようと思うが、その前に彼が不誠実であるとの証
拠が必要だ）

⑥ **Women and children are the ones who suffer most
from** violence **in the home.**
（家庭内で起こる暴力によっていちばん傷つくのは女性と子どもたちである）

　上の名詞はいずれも抽象名詞で、Z 型で使われている。しか
し、④の assistance は from the advanced countries という句
によって修飾されているし、⑤の evidence は that 節が続いて
いる。また⑥の violence にも in the home という修飾語句が付
いている。これらの語句によって当該の名詞は〈限定〉され具
体的になっているのに、なぜ T 型にならないのか、という疑問
が生じるのではないだろうか。

【 T 型にしなければならない〈限定〉の程度

　問題は先の apartment と person の例文と同じで、T 型にす
るにはどの程度の〈限定〉が必要かということである。簡単に
言うと、of ... の句で修飾されている場合、〈限定〉となり T 型
にする必要が生じる。④では from を of に変えれば T 型になる。

④´ **There are many countries in the world which desperately need** the assistance **of advanced countries.**

（世界中には先進国の援助をどうしても必要としている国が多数ある）

　from を of に替えただけだが、of という前置詞は、曖昧な内容をより具体的にする機能を持っている。ここでは「先進国の」というように援助の内容が〈限定〉される。だから T 型となると考えられる。from advanced countries でも「先進国からの」だから、実質的に〈限定〉しているじゃないかという反論は当然予想されるが、この点は、from と of の微妙なニュアンスの違いがカギになりそうである。

　T 型の特徴の 1 つである「話し手と聞き手の間の了解」という面を思い出してほしい。of になると the が付くということは、逆にいうと、この相互の了解が成立していることを意味する。すなわち、of によって「先進国の援助」というように「援助」の内容がはっきりし、両者の間で了解が成立することを示しているのである。一方、from は「先進国からの」というふうに、たんに方向性を示しているにすぎない。だから〈限定〉の度合いが弱いのだろう。

　同じく of ... という修飾語句を付けることによって T 型に変わるのは、⑥の violence である。in the home という句だけでは〈限定〉にならない。ひと口に家庭内暴力といっても、いろいろなケースがあり、次のようにもう少し絞り込まないと限定されたことにならないのである。

⑥´ Women and children are the ones who suffer most from the violence of their husbands and fathers in the home.

（家庭内で夫や父親による暴力によっていちばん傷つくのは女性と子どもたちである）

　次に that による〈限定〉について考えたい。⑤の evidence は that 節で修飾されていて、〈限定〉されているような気がするのだが、Ｔ型になっていない。しかし、that 節を次のように書き換えると、Ｔ型になる。

⑤´ I am thinking of firing him, but I need the evidence that you documented about his dishonesty before I do so.

（わたしは彼をクビにしようと思うが、その前に彼が不誠実であることに関して、あなたが収集したもので、しかも立証できる証拠がほしい）

*document「〜を証拠書類［文書］で立証する」

　このことから、元の⑤の that 節は、evidence をＴ型にできるほどの情報を与えていないと判断される。Ｔ型にするためにはもっと詳しく説明してより多くの情報を提供しなければならないのである。つまり、Ｚ型の that 節ではたんに「彼が不誠実だという証拠」という程度だったが、Ｔ型の that 節では内容は「あなたが収集したもので、しかも立証できる証拠」というふうにもっと絞り込みがなされている。Ｔ型にするには、これくらい〈限定〉が要求されるのである。強いて別の形にしようとすれば、some という表現が使える。

⑤ I am thinking of firing him, but I need <u>some evidence that can show his dishonesty</u> before I do so.

（彼をクビにしようと思うが、その前に彼の不誠実性を示す、何らかの証拠が必要である）

┃ そのほかの〈初出限定〉

通常1つしか存在しないと考えられているものは、初出でもT型で使わなければならない。たとえば、以下のような語である。

the universe（宇宙）
the atmosphere（大気）
the world（世界）
the sky（空）
the north/the south/the west/the east（北部／南部／西部／東部）
the right/the left（右／左）

太陽系の天体では、the sun（太陽）、the earth（地球）、the moon（月）だけがT型、ほかの惑星は固有名詞の扱いとなり、語頭が大文字のZ型で使う。「東／西／南／北」もそれが方角を表すときはZ型である。

逆に、小さな町や村に関する報告で、何の前提もなく the doctor とか the grocery store と出てきたら、そこには医者は一人しかおらず、また食料雑貨店も1軒しかないと解釈しなければならない。

次のようなT型も、1つしかないものを表す機能の延長線上にあると考えられるだろう。

定冠詞

T型

(A) Cold beer is the drink for a hot day.
（冷たいビールは暑い日には最高の飲み物である）

　このＴ型は〈強意〉とか〈典型〉の用法などと呼ばれることもある。日常会話では、この the は強調のため「ジィ」と発音される。この the drink は a drink とも言えるが、そうすると、たんに「最高」という意味が失われるだけでなく、文の強調点が「暑い日」へ移ってしまう。なお、cold beer はＺ型にしてもよいので、Ａをカッコに入れた。

　文脈におけるその語の意味ではなく、表現それ自体が自らを〈限定〉する場合のＴ型もある。たとえば、以下のような表現である。

the day after tomorrow（明後日）
the following day（翌日）
the day before（前日）
the above（上記）
the following（下記）

　以上がＴ型の〈限定〉用法の基本的なものであるが、これらについては比較的理解しやすいと思う。ところが、次に説明するＴ型の一般的・総称的用法は、非常に難しい。ただ、アカデミックな文脈（専門書や論文）ではよく使われるが、ありがたいことに、日常的にはそれほど使われる表現でないので、たとえ理解できなくても心配することはない。

3.2.

一般的・総称的用法

　この用法はP型にもA型にもZ型にもある。実は、正直なところわたしは、このT型の総称用法について説明したくない。というのは、完璧に理解している人が果たしているのだろうかと思うほど複雑だし、それに、冠詞と複数が表すニュアンスとしては、おそらくこれがいちばん日本語で表現しにくいと思われるからである。

　しかし一方では、だからこそ、そこに英語の最も根本的な性格が隠されているという考え方も成り立ち、どうしても避けて通るわけにはいかない。

▌ T型は抽象的でアカデミックな響き

　では、初めに、次の4つの例文を見てほしい。

① Ears are more susceptible to frostbite than fingers. **Z·P**

② An ear is more susceptible to frostbite than a finger. **A**

③ The ear is more susceptible to frostbite than the finger. **T**

④ The ears are more susceptible to frostbite than the fingers. **T·P**

　文法上はこの4つが可能であるが、これらに対応する日本語

の訳は「耳は指より凍傷にやられやすい」の１つしかない。む
ろん、いろいろな小細工はできるだろうが、基本的な訳はこれ
くらいのものではなかろうか。実は、英語でもこれら４つの文
の差はかなり微妙で、ネイティブスピーカーでも、尋ねる相手
によっては、違いはないと答える人もいるくらいである。

　したがって、取り立てて問題にするほどのことでもないと思
う人も多いかもしれないが、問題は、たとえば③のＴ型の場合、
「その」という指示代名詞的な意味なのか、それとも一般的・
総称的なのか、形の上からまったく判断できないことである。

　慣れると、読んでいるとなんとなく理解できるようになるも
のの、自分で英文を書くとなるとお手上げの状態である。とい
うのは、どういう内容の場合、どの型が可能になるのかが実に
複雑なのである。ちょっと極論かもしれないが、その煩雑さは、
ケース・バイ・ケースでしか判断がつかないほどである。しかし、
一般的なことは言えるので、これからそれぞれの型について説
明したい。

　上の例では、①のＺ・Ｐ型（たんなるＰ型のことだが、ここ
には④のＴ・Ｐ型［the の付いた複数］もあるので、それと区
別するためにこう呼んだ）が最も自然な表現である。日常会話
的であり、最もよく使うので覚えてほしい。たぶん、「耳」に
しても「指」にしても一般的な姿が複数であるから、という理
由なのだろう。

　それに対して③と④のＴ型は、どちらも抽象的で学問的（ア
カデミックな）な響きを持ち、医者同士の会話のような印象を
与える。アメリカ人にこれらの表現について尋ねると、④はお
かしいと言う人もいるだろう。また、②のＡ型もなんとなく抽
象的な響きを持っている。

　そして、上の例だけでなく一般的に、この４つの型のうちでは、

④のＴ・Ｐ型が一般的・総称的となるケースは非常に少ない。この型はたいていの場合、〈限定〉された個体の集まりを指すようで、以下でもいくつかの例文を紹介するが、このＴ・Ｐ型は１つもない。したがってアカデミックな著作などを除くと、Ｔ・Ｐ型の一般的・総称的用法は非常にまれであると考えてよいと思われる。

それでは、別の例文に移ろう。

① Giraffes **have long necks.** **P**

② A giraffe **has a long neck.** **A**

③ The giraffe **has a long neck.** **T**

先にあげた例文の組と同じように、これらの文の訳は「キリンの首は長い」の１つだけである。そして、やはり①のＰ型が最も自然である。②のＡ型は次に自然に響く。③のＴ型は相変わらずアカデミックな響きを持っているので、子どもと話すような場合には使われない（蛇足になるが、文脈によってＴ型は、「その」という指示代名詞的な意味にも解せるので、注意してほしい）。

① Books **are easier to handle than scrolls.** **P**

② A book **is easier to handle than a scroll.** **A**

③ The book **is easier to handle than the scroll.** **T**

「書物は巻物より扱いやすい」と訳せ、これについても上のキリンの例文と同じことが言える。すなわち、最も自然なのがＰ型で、Ｔ型は巻物を広げながら、学者や専門家同士がディスカッションしているような感じを与える。

さらにもう何組か見てみよう。

① Beautiful women can be found as characters in the literature of every country. -P

② A beautiful woman can be found as a character in the literature of every country. -A

③ The beautiful woman can be found as a character in the literature of every country. -T

（どんな国の文学にも美人は登場人物として見出される）

① Sweaters are basic to the wardrobe of the Scottish people. -P

② A sweater is basic to the wardrobe of the Scottish people. -A

③ The sweater is basic to the wardrobe of the Scottish people. -T

（セーターはスコットランド人の持ち衣装の中で基本的なものである）

① Pens are of little use in illiterate societies. -P

② A pen is of little use in illiterate societies. -A

③ The pen is of little use in illiterate societies. -T

（ペンは非識字社会ではほとんど何の役にも立たない）

① Mathematicians **usually reach their peaks of productivity early in life.** ◀ **P**

② A mathematician **usually reaches his/her peak of productivity early in life.** ◀ **A**

③ The Mathematician **usually reaches his/her peak of productivity early in life.** ◀ **T**

（数学者は通常、若いときに仕事の生産性のピークに達する）

　これらのいずれの組においても、P 型がいちばん自然である。A 型がこれに続く。T 型は、どの例でも抽象的でアカデミックな響きがして、それぞれの分野の専門家同士が話し合っているような印象を与える。

〈似たものの集合体〉を示す T 型

　似たものが集まって１つの集合を構成している場合、その集まりを１つのかたまりと考えて T 型にすることがよくある。

the Americans（アメリカ国民）

the Japanese（日本国民）＊文脈によっては「その日本人」という意味にもなる。

the male world（男の世界）

the baseball world（野球の世界）

the computer industry（コンピュータ産業）

the middle class（中間層）

　形容詞や過去分詞、現在分詞に the が付いた形も、これらと同様に考えることができる。

the rich （金持ち）

the injured （負傷者）

the dying （死にかかっている人たち）

　この場合、ふつうは複数の人間を意味するが、the accused（被告）や the deceased（故人）などは複数でも単数でも使える。

T 型が使えないケース

　以上の例では 3 つの型が可能だったが、2 つの型でしか可能でないケースを紹介したい。これらの文では T 型の総称的用法は使えない。

① **To have** boyfriends **is forbidden in some societies.** **P**

② **To have** a boyfriend **is forbidden in some societies.** **A**

　（社会によってはボーイフレンドを持つことは禁じられている）

① **I don't know how to install** telephones. **P**

② **I don't know how to install** a telephone. **A**

　（わたしは電話の取り付け方を知らない）

① Restaurants **are more difficult to manage than** grocery stores. **P**

② A restaurant **is more difficult to manage than** a grocery store. **A**

　（レストランは食料雑貨販売業を経営するより難しい）

① Movies **are different from** stage plays. **P**

② A movie **is different from** a stage play. **A**

（映画は演劇とは違う）

　まず、文の響きの自然さから説明すると、最初の2組
（boyfriend、telephone）は、A型、P型の順。とくに1組目の
文は、P型だと同時に二人以上のボーイフレンドを持つイメー
ジがあるので、A型のほうが自然といえる。後の2組
（restaurant, movie）は甲乙つけがたい。

　これらの例文でT型がない理由は、構文に関係がある場合と、
その語自体に原因がある場合の2つに分かれるようだ。たとえ
ば2組目の例で、構文を変えずに the telephone とすると「そ
の電話」と〈既出限定〉の用法になってしまう。しかし、「電
話はベルによって発明された」という telephone を主語にした
構文では、

The telephone **was invented by Bell.**

とT型でしか表現できない。むろん、これはT型の一般的・総
称的用法である。発明品などは必ずT型が使われる。また先の
4組目の movie の場合も、

The movie **is a newer kind of entertainment than the
stage play.**
（映画は演劇よりも新しい種類のエンタテインメントである）

と別の文を作れば一般的・総称的用法のT型が可能だが、
restaurant や boyfriend はそういう構文を考え出すのが難しい。

とくに後者は、冗談で言う以外に、the boyfriend が一般的・総称的用法の T 型となる例文は考えられそうにないくらい難しい。

earthquake なども一般的・総称的用法の T 型は考えにくい。

① **It is difficult to predict** earthquakes. **P**

② **It is difficult to predict** an earthquake. **A**

（地震の予測は難しい）

このように一般的には P 型と A 型がふつうである。もしこの構文で the earthquake とすると、やはり、「その地震」というふうに〈既出限定〉の意味になってしまう。別の文を作れば T 型の一般的・総称的用法も可能になるが、それは地震学者の間で交わされる会話のようになろう。これとは逆に、次の文における computer は、T 型が一般的・総称的用法で使われ、A 型が使えなくなる。

① The computer **is revolutionizing our daily lives.** **T**

② Computers **are revolutionizing our daily lives.** **P**

（コンピュータはわれわれの日常生活を根本から変革しつつある）

T 型の文はコンピュータの〈概念〉について記述しているが、P 型ではいろいろなコンピュータ（つまりコンピュータの〈種類〉）について記述しているイメージがある。この構文で a computer とすると、それはどこかに設置されている「1 台のコンピュータ」を意味することになってしまう。

では、computer の A 型での一般的・総称的用法は不可能なのかというと、それは別の文を作れば可能である。

A computer is more difficult to repair than a copy machine.
（コンピュータはコピー機より修理するのが難しい）

　この場合ももちろん、The computer とＴ型による〈概念〉の記述が可能である。

　次はちょっと変わった例である。

When I finished grade school, my parents gave me a telescope and a book about the telescope.
（小学校を卒業したとき、両親がわたしに１台の望遠鏡と望遠鏡に関する本をくれた）

　この文には a telescope と the telescope が出てくるが、後者は同じ言葉が２度目に表れるからＴ型になっているのではない。これはＴ型の一般的・総称的用法なのである（つまり、任意の１台の望遠鏡ではなく、望遠鏡という発明物を意味する）。なお、a telescope は一般的・総称的Ａ型ではなく、初出だからＡ型になっているだけである。

3.3.

慣用的な T 型

　以上のほか、T 型には、その機能について一応分析が可能だが「慣用的」と言うほうがふさわしい用法がいくつもある。

〈場所〉を表す T 型

　まず、in the water（水中で）、in the air（空中で）などに見られるように、T 型が〈場所〉を表すケースである。文法書などにはよく次のような例が紹介されている。

Leaves float on (the) water because they are lighter than water.
（木の葉は水より軽いので、水の上に浮かぶ）

　では、この T 型と次の文の T 型の違いがわかるだろうか。

He was writing a poem in the sand, but it was washed away before he finished it.
（彼は砂に詩を書いていたが、書き終える前に波に洗い流された）

　最初の例は、世界中どこでも起こり得る現象を記述している。つまり、これは物理現象の１つである。それに対して、the sand の例文は、どこでも起こり得る物理現象というわけではなく、すでに言及された「砂」を指している。つまり、こちらの T 型は〈既出限定〉の T 型なのである。
　こうした説明を読んでも、同じ形（前置詞に続いての T 型）

なので、いったいどういうふうにして、この違いを判断したら
よいか疑問に思う人がいるだろう。しかし、これらはすべて文
脈さえ把握していれば、判断は可能である。

┃ 人称代名詞の役割をする T 型

　T 型はまた、人称代名詞の役割を果たすこともある。

I touched him on the shoulder.
（わたしは彼の肩に触れた）

などがそれで、この the は his と同じ意味である。次のような
例も人称代名詞的な用法と見なせる。

— **I want to buy a notebook computer. What kind should
I buy?**
（ノートブック型のコンピュータを買いたいのですが、どんなものを買う
べきでしょうか）

— **Well, it depends on the purpose.**
（さあ、それはあなたの目的によるでしょう）

　the purpose は your purpose の意味である。前文から「質問
者」の知りたいことがわかるから、この T 型は人称代名詞と同
じである。なお、英語圏では notebook computer とは言わず、
laptop と言う場合が多い。

⟨ 名詞を象徴化する T 型

The pen is mightier than the sword.
（文は武より強し）

ということわざをよく見かけたことがあるだろう。この文の pen と sword のように、名詞のあるものは T 型にすると、それが何かの象徴としての意味を持つようになる。つまり、この the pen はこのペンから生み出される文章を指しており、ペンを総称的に記述したものではない。一方、the sword は「武（器）」の象徴である。

The head governs the heart.
（知力は感情を支配する）

　これもそうした例の 1 つで、この T 型はことわざや詩歌などで使われるのがふつうである。繰り返すが、この用法は T 型が持つ象徴性を利用したもので、一般的・総称的用法とは異なる点に注意してほしい。

⟨ 固有名詞の T 型

　T 型は固有名詞にも表れる。

— **How would you describe** the Showa period?
　（あなたは昭和時代をどういうふうに記述しますか）

— **Well, I will leave that to historians.**
　（そうですね、わたしはそれについては歴史家に任せます）

　日本の元号はすべて T 型で表記する。もう 1 つ、歴史関連の

用語をあげると、「第2次世界大戦」も the Second World War というように T 型になる。ただし、一方で World War II という言い方もあり、その場合は Z 型になるので紛らわしい。

The Kyoto I used to know no longer exists.
（わたしが知る京都は、もはや存在しない）

　この例は、固有名詞の T 型の説明というより、むしろ T 型の〈限定〉用法の1つと考えたほうがわかりやすいかもしれない。

— **I saw Einstein several times when I was at Princeton.**
　（プリンストンにいたとき、わたしはアインシュタインの姿を何回か見た）

— **You mean you saw the Einstein?**
　（あなたは、あの有名なアインシュタインを見たというのですか）

「アインシュタイン」という名前を持つ人は世界中に何人もいる可能性があるので、それらの人たちと20世紀最大の物理学者の一人、「あのアルベルト・アインシュタイン」とを区別するために、ここで T 型が採用されているのである。これは強調の一種なので、「ジィ」と発音される。
　上の例は単数だったが、人名を P・T 型にすると「〜家（の人たち）」という意味になる。

I used to know the Schneiders very well when they lived next door to me, but after they moved to Tokyo, I don't know what happened to them.
（わたしは、シュナイダー家の人たちが隣に住んでいたときはよく知っていましたが、東京に引っ越してから、その消息がわかりません）

　このほか、国名、地名、海、河川、山、半島、企業・団体・機関の名前、新聞の名前などは T 型にできるものとできないも

のがあり、かなり複雑である。たとえば、大学の名前は、Columbia University、Princeton University などT型にしないケース、The University of Pennsylvania、The University of California などT型にするケースに分かれる。University of ABC のように of が後に来る名称はふつう、最初の University をT型にすることが多い。

国名でT型になるのは、The United States of America、The Kingdom of the Netherlands（または Holland）、The Republic of the Philippines などであるが、会話では短く略されることが多い。たとえばアメリカ人は、Where are you from? という質問に対して、I am ① from America / ② from the U.S. / ③ from the States のいずれかを答えるだろう。

美術館、博物館などはふつうT型である。The Museum of Modern Art（略称はZ型の MoMA）、The Metropolitan Museum of Art（略称はT型、The Met）、The Frick Collection など。しかし、音楽関係の施設になると、Lincoln Center（ここは交響楽・室内楽部門、オペラ部門、バレエ部門の複合体である）、Carnegie Hall（ここは音楽ホール）などはZ型、Lincoln Center 内のオペラ、The Metropolitan Opera はT型と混在する。Z型にするのかT型にするのか、そこにはまったく何のルールもない。これ以上詳述するのは、本書の範囲を大幅に逸脱するので控えるが、このような施設の正式名称がT型かZ型をとるかは、必要に応じて、個々の施設のサイトを確認していただきたい。

Chapter 4

無冠詞：Z型

　Ｚ型については、今までのＰ型、Ａ型、Ｔ型の説明の中で何度も触れる機会があった。だから、わざわざ独立させて説明する必要はないと思われるかもしれないが、ほかの型同様、独特のわかりにくさを有しているので、1つの Chapter を設けて取り上げる。

　なお、混乱しないように述べておくと、本書で「Ｚ型」と呼ぶのは、単数の単語に冠詞が付されていない、または省略されているケースである。この際、複数形で冠詞がないものは除外し、別に「Ｐ型」と呼んだ。

　では、おもに名詞の種類ごとに、Ｚ型がどのようなときに使われるのか見てゆきたい。

4.1.

抽象名詞

【 Ｚ型でしか使えない抽象名詞

　抽象名詞については、Chapter 2 で、Ｚ型だけでなくＡ型でも使われることがあるという点を強調したが、抽象名詞の中には、たしかにＺ型でしか使えないものがある。まず、そのような抽象名詞の例をあげてみる。以下は、（　　）内の意味で使う場合は、必ずＺ型になる名詞である。

access（アクセス）、**advice**（忠告、助言）、**bias**（偏り）、
confidence（信頼、自信）、**courage**（勇気）、**diplomacy**（外交）、
evidence（証拠）、**excitement**（興奮）、**friendship**（友情）、
knowledge（知識）、**harassment**（嫌がらせ）、**health**（健康）、

homework（宿題、下準備）、humility（謙遜）、information（情報）、insurance（保険）、intelligence（知能）、music（音楽）、nature（自然）、peace（平和）、privacy（プライバシー）、progress（発展）、proof（証明）、quality（品質）、revenge（復讐）、security（安全保障）、staff（スタッフ）、time（時間）、traffic（交通）、wisdom（知恵）

　いくつかの語を例文とともに見てみよう。いずれの語もＺ型の特性と共通する、一般的あるいは概念的な意味を持っている。

① **That company should have paid more attention to quality.**
（あの会社は品質というものにもっと注意を払うべきだった）

② **Excitement made him unable to fall asleep.**
（興奮していたため、眠りにつくことができなかった）

③ **After years of working hard, I finally have confidence in my own ability.**
（長年の間、激務に従事した結果、やっと自分の能力に自信が持てるようになった）

④ **In the old days people did not pay any attention to privacy.**
（昔は、プライバシーは配慮されなかった）

⑤ **I simply lack courage when it comes to speaking in public.**
（大勢の人の前で話をするとなると、わたしはどうしても勇気がなくなってしまう）

⑥ **He could not sleep all night because of recurring thoughts of revenge.**
（彼は復讐のことが繰り返し頭に浮かび、一晩中、眠れなかった）

無冠詞

Ｚ型

⑦ **Some welcome a world where** artificial intelligence (AI) **takes over types of work that humans hate to do, but others are afraid of such a world.**

(ある人たちは、人工知能が、人間がやりたくないタイプの仕事を人間に代わってやってくれるような世界を歓迎するが、そういう世界の到来を恐れる人もいる)

①の quality は「品質」という〈概念〉、⑥の revenge は「復讐」という行為一般、というように、色文字で示した語はどれも、一般的あるいは概念的な意味を表す語で、いわば漠然としたものを指している。前後に、それらを具体化する要素はない。これらが何の冠詞も付かない Z 型で使われることに違和感はないだろう。

ただし、例外はある。たとえば friendship や principle や knowledge は基本的には Z 型で使われるが、次のように A 型や P 型になる場合もある。

She has a knowledge **of German.**
(彼女はドイツ語ができる)

I don't approve of a friendship **like that.**
(わたしはあのような友情は是としない)

I don't approve of his friendships.
(彼のいろいろな友人たちとの関係を是としない)

That school is run on a religious principle **with which I disagree.**
(あの学校は宗教的な信条にしたがって運営されているが、わたしはその信条に反対である)

最初の、a knowledge of 〜という表現はほかにも、たとえば、人材募集で応募の必須要件を記す際に、A knowledge of

computer programing is a requirement for this job.（この仕事に
は、コンピュータのプログラミングができることが必須です）
というように使われる。

無冠詞

Z
型

4.2.

集合名詞

　集合名詞にも Z 型でしか使えないものがある。以下に例をあげる。

furniture（家具）、**jewelry**（宝石）、**foliage**（木の葉っぱ全体）、**footgear**（履物類）、**clothing**（衣類）、**underwear**（下着）、**baggage / luggage**（手荷物）、**equipment**（装置）、**cosmetics**（化粧品）、**machinery**（機械類）、**stationary**（文房具）、**junk**（廃品、がらくた）、**trash**（廃物）

　一方で、Chapter 1 で説明したように、audience、family などは集合名詞であっても P 型が可能である。この違いは何だろうか。

　Z 型でしか使えない、上のような集合名詞に共通しているのは、たんに似たもの、あるいは共通の機能を持つものが集まっただけで、相互に意識的な関係性がないものを表している点である。言い換えれば、人間が勝手に 1 つのカテゴリーとして認識したものといえよう。たとえば、furniture（家具）は、テーブル、机、いす、食器棚、ソファ、ランプ、ベッド、クッションなどの集合体だが、相互に意識的な関連性がない。

　それに対して、P 型が可能な audience や family は、その集合を構成する要素が何らかの内的関連性を持っていることに着目してほしい。

4.3.

物質名詞

　次に、物質名詞について考える。たとえば次の例文だが、cake が Z 型で使われているので、ケーキという「物質」を食べたという意味である。

I ate cake last night. **Z**
（昨夜、わたしはケーキを食べた）

　この文だと食べたのがケーキだということはわかるが、分量についてはまったく不明である。これを A 型にして、

I ate a cake last night. **A**
（昨夜、わたしはケーキをまるまる 1 個食べた）

　とすると、たんなる「物質」としてのケーキから「1 個の」ケーキへと意味が変わる。アメリカではふつうケーキ 1 個といえば、円形の、何人かが切り分けて食べるケーキまるごとを指し、かなりの大きさなので、これを聞いたアメリカ人はびっくりするにちがいない。日本式に「ケーキを食べた」と言いたいとき、あるいは目の前のチョコレートケーキを 2 切れ買いたいときは、次のように表現する。

I ate a piece of cake last night.
（昨夜、わたしはケーキを 1 切れ食べた）

I would like to buy two pieces of this chocolate cake.
（このチョコレートケーキを 2 切れください）

a cake と a piece of cake

　似た例をもう少し見てみよう。

I had beef for dinner.
（晩ご飯に牛肉を食べた）

I had chicken for dinner.
（晩ご飯に鶏肉を食べた）

I had fish for dinner.
（晩ご飯に魚を食べた）

I had (a) steak for diner.
（晩ご飯にステーキを食べた）＊アメリカ人は A 型を好むようである。

　steak は A 型にしても意味は Z 型とほとんど変わらないが、
chicken は A 型にできない。その理由は cake と同じで、
chicken を A 型にすると、「1 羽の鶏」を意味するようになる。
相撲取りでもないかぎり、ふつうの人ではとても 1 羽は食べら
れない。
　一方、fish のほうはどうだろう。実はこれも A 型にしないが、
その理由がちょっとおもしろい。アメリカ人が魚を食べる場合、
われわれ日本人がたとえばサンマの塩焼き 1 匹を食べるような

形では食べない。どうするかというと、小骨がまったくない切り身を、いわばステーキのようにして食べるのがふつうである。つまり、魚の場合は文法的にはＡ型にできるが、文化的な理由からＡ型にしないのである。ただし、マス料理は、1匹のマスがそのまま料理され、出されるケースもあるが、どちらかといえば稀で、ほとんどの場合、切り身にして出される。一般的にアメリカ人は死んだ魚の頭を見るのを好まない。

　最後に、ちょっと珍しい例を取り上げたい。普通名詞が物質名詞のようにＺ型で使われることがある。次の文では、appleという語がＺ型で使われている。

Does this cake have apple in it?
（このケーキにリンゴは入っているの？）

　ケーキを食べてなんとなくリンゴの味がしたので、リンゴが使われているかどうかを尋ねた文である。Ｚ型になったことによって、リンゴとしての形状ではなく、味など「物質としてのリンゴの特徴」が前面に出ている。

無冠詞

Ｚ型

4.4.

普通名詞

さて、普通名詞は一定の形や区切りが明確なものを表す名詞で、すべて可算であるから、無冠詞のZ型は想像しにくいかもしれないが、以下のようなケースではZ型が使われる。いずれも前置詞と組み合わさって、一種の慣用表現のようになっている面がある。

【〈手段〉を表す場合

普通名詞が前置詞を伴って〈手段〉を意味するとき、その名詞には可算の性質がなくなり、Z型で用いられる。

I used to go to school by subway, but now I go by bus.
(以前、学校へ地下鉄で通っていたが、今ではバスで通っている)

In the old days you could go to the island only by boat (ship), but now you can go there by airplane [air].
(昔は、その島へ行くには船しかなかったが、今では飛行機で行ける)

Even today some people still communicate with each other by letter.
(今もなお、手紙で互いに連絡をとり合っている人たちがいる)

Recently searches on the internet can be done by voice.
(最近ではネットの検索は音声でできる)

【〈本来の目的・機能〉を表す場合

上記の〈手段〉を表す例と似ているが、たとえば、school が

たんに建築物としての学校でなく「教育を受ける場」としての学校を表す場合、bed が「家具」としてのベッドでなく「就寝する場」としてのベッドを表す場合のように、普通名詞が〈本来の目的・機能〉を表すときは、前置詞と組み合わされてZ型で使われる。

Yesterday I was very tired, so I went to bed very early.
(昨日は、とても疲れていたので、非常に早く床についた)

How is she doing in school?
(彼女の学校での状況はどうですか)

I have many friends at school.
(わたしは学校にたくさんの友だちがいます)

One day in class I fell asleep.
(ある日、授業中に寝てしまった)

I played basketball in college.
(わたしは大学でバスケットをやりました)

最後の例については、in college と言えるのであれば、in university も可能だと考えがちだが、これはアメリカでは使えない。たぶん大学の歴史と関係するのだろう。ちなみに、university は college がいくつか集まって成立する。

無冠詞

Z型

対句の場合

from X to X のように同じ語を繰り返す対句の形では、その名詞はZ型になる。

The flu spread from school to school.
(インフルエンザは学校から学校へと広がった)

The fire spread from house to house.
（火事は家から家へと広がった）

He traveled from island to island **looking for the perfect beach.**
（彼は理想の浜辺を求めて島から島へと旅した）

　次も「X + 前置詞 + X」で名詞を繰り返すパターンである。

They are walking arm in arm.
（彼らは、腕を組んで歩いている）

The British and the Americans are arm in arm **on that issue.**
（イギリス人とアメリカ人はこの問題に関して同意している）

Let's talk this over not on the phone, but face to face.
（これについて電話でなく、面と向かって話しましょう）

The rain became heavier minute by minute.
（雨は分単位で激しくなった）

This tree grows taller day by day.
（この木は日に日に背丈が伸びて行く）

　こういう対句だけでなく、前置詞の前後に異なる名詞が並んだり、接続詞でつなげられる場合もある。

I want to discuss this issue woman to woman **not as** mother to daughter.
（わたしはこの問題について、母と娘としてでなく、女と女として話し合いたい）

They were introduced as husband and wife.
（彼ら夫婦として紹介された）

　なお、以下は抽象名詞の例だが、やはり、前置詞と組み合わ

されて Z 型で使われている。これらは慣用句のようなものである。

In theory you could be right.
（理論上、あなたが正しい可能性はある）

Whether Japan should change its constitution is a good subject for debate.
（日本が憲法改正をすべきかどうかは、ディベートにもってこいのテーマである）

The success of driverless cars is no longer in doubt.
（無人運転自動車の成功はもはや疑うところがない）

The project went several million dollars over budget.
（そのプロジェクトは何百万ドルも予算オーバーとなった）

These days I buy most of what I need online.
（最近わたしは必要なもののほとんどをネットで買う）

無冠詞

Z 型

4.5.

そのほかの Z 型

【 食事

breakfast、lunch、dinner などはふつう Z 型である。

Some people do not eat breakfast.
（朝食を食べない人もいる）

Let's go out for lunch.
（ランチに出かけよう）

形容詞が付くと A 型になり、その場合は〈種類〉を意味すると解釈できる（p.68 参照）。また、T 型は〈限定〉を意味する。

Let's have a healthy lunch.
（ヘルシーなランチを食べよう）

That was a heavy lunch.
（あれは、お腹にドンとくるランチだった）

The breakfast I had near Kamigamo Shrine in the northern part of Kyoto City was the best I have had in the last ten years.
（京都市の北部にある上賀茂神社の近くで食べた朝食は、過去 10 年の間で食べた中で最高の朝食だった）

breakfast と lunch の例しかあげなかったが、もちろん dinner も同じように使う。

方向・方角

　方向・方角の「右・左」や「東・西・南・北」を表すとき、名詞の Z 型が副詞的に使われることがある。

Go straight on this street, and turn right at the corner, then go two blocks and turn left, and the second house on the left side is the house you are looking for.
（この道をまっすぐ行き、角を右に曲がる。さらに 2 区画行き、左に曲がると、左側にある 2 番目の家があなたの探している家です）

　これを turn to the right/left と T 型にしても意味は同じだが、to を付けるほうが固い表現である。

Walk south for a kilometer. Z
（南に向かって 1 キロ歩いてください）

Walk to the south for a kilometer. T
（南の方角へ 1 キロ歩いてください）

　この south も同様で、T 型にすると磁石の方角を指すようなイメージで、より意味が厳密になる。

曜日・季節

　Today is Sunday./It is spring. などのように、曜日・季節を表す語も、ふつうは Z 型で使われるが、次の例文のように、P 型や A 型になることもある（それぞれ Chapter 1、Chapter 2 を参照）。

無冠詞

Z 型

According to the calendar, it is supposed to be spring, but I am still wearing heavy underwear. Winters have been warmer and springs have been colder recently. I hope, by next Sunday, we will have a real spring.

（暦によると、春であるはずだが、依然としてわたしは厚手の下着を着ている。近年、冬は以前より暖かく、春は肌寒い傾向にある。次の日曜日には、本当の春になってほしい）

　なお、underwear が Z 型なのは、それが〈カテゴリー〉を表しているからである。また、calendar（暦）は、唯一のものなので T 型になっている。

【 病名

　病気の名前はきわめて複雑で、Z 型、A 型、T 型が入り混じっているが、正式な名称の場合は Z 型を使う。

He is suffering from dementia.
（彼は認知症を患っている）

He has Alzheimer.
（彼はアルツハイマー病を患っている）

He has cancer.
（彼はガンである）

　「インフルエンザ」も正式には、

I have influenza.

のように Z 型になるが、flu という略語の場合は、

I have the flu.

とＴ型になる。一方、一般的な「風邪」は、

I have a cold.

とＡ型になる。

　病名と混同されやすいのが、「症状」を表す表現である。た
とえば、「咳が出る」と言うときは、

I have a cough.

とＡ型になるし、「熱がある」「頭痛がする」「お腹が痛い」も
同様にＡ型で使う。

I have a fever.
I have a headache.
I have a stomachache.

　ここでは、正式な病名の場合は必ずＺ型になるという点を押
さえてもらいたい。

固有名詞

　固有名詞については、「ほかに存在しない特定の人物や事物
を表す」という性質を考えれば、ふつうＺ型で用いられるとい
う点については、とくに説明を要しないであろう。しかし、Ｐ型、
Ａ型、Ｔ型で使われることもある。本書ではその一部について、
Chapter 1 から Chapter 3 でそれぞれ説明したので参照してほ
しい。

Chapter 5

型によるニュアンスの
違いをさぐる

　Chapter 1 から Chapter 4 では、P型、A型、T型、Z型について別々に検討した。複数や冠詞に関して初めて深く考えた読者の中には、戸惑いを感じている人も多いと思う。できるだけ丁寧に、実用的な面にこだわって説明したつもりであるが、それでもかなり混乱していると思う。

　Chapter 5 以降の Part Ⅱ は、個別に学んだそれぞれの型を比較しながら、さらに理解を深めるために設けた。型によるニュアンスの違いを正しくつかみ、かつ自ら使い分けができるようにするためには、どこにどう注意すべきかを解説する。

　最初に、型が異なる同じ語を含む2文を比較し、相違点を浮き彫りにしたい。そして、その後で、ある程度の長さの文章を読み、冠詞と複数が実際にどういうふうに使われているのか分析してみたい。これは読者の腕試しの場でもある。最後に、比較的よく使われると思われる名詞をいくつか選び、P、A、T、Zのそれぞれの型において例文を作ってみた。すぐに使えるようにということを念頭において作ったので、自分で英文を書く際の参考にしていただきたい。

5.1.

Z型とP型──s [es] を付けるか、付けないか

　まずはZ型（無冠詞）とP型（複数）を比べてみよう。

I have no objection to the establishment of the center. -**Z**

I have no objections to the establishment of the center. -**P**

　名詞の前に no が付く形は、厳密には無冠詞といえないが、便宜上、Z型の一種と見なすことにする。

　2文の違いを強調して訳すと、Z型は「わたしは、このセンターの設立に反対ではない」となるのに対して、P型は「わたしは、このセンターの設立に反対する理由は1つもない」となるだろう。

　つまり、P型にすると、話し手は頭の中で、このセンターの設立に関して起こってくるであろう諸問題（たとえば、設立の基金、人事、場所など）を思い浮かべ、そういう具体的な問題を考えても反対ではないと言っている。それに対してZ型は、設立するというアイデアに反対ではない、と総論的なことを言っている印象である。次の例も同じように考えられる。

I have no problem **with my health.** `Z`

I have no problems **with my health.** `P`

　どちらも「わたしは健康に何も問題はない」という意味だが、厳密に訳し分けるとなると、くどい表現になりそうだ。要するに、Z型の場合、一般的に健康の〈状態〉について説明しているのに対して、P型だと心臓、肝臓、胃腸などを頭に思い浮かべながら、それらについて何も問題はない、と言っているのである。次のはどうだろう。

I made no sale **today.** `Z`

I made no sales **today.** `P`

　ある状況を設定しないと、やはり訳し分けるのはしんどいが、P型は、たとえば、靴屋のように毎日何足かずつ売れるのに、

今日は１足も売れなかったというような場面で使われる。一方、Ｚ型だと、航空機のセールスマンのように毎日複数は売れないのがふつう、というような状況で使われる。

次は、別の構文で見てみよう。

Action must be taken to improve the school. **Z**

Actions must be taken to improve the school. **P**

このような構文でも、Ｚ型とＰ型の２通りが可能である。Ｚ型は「その学校を改善するためには何かしなければならない」、Ｐ型は「その学校を改善するために、いろいろなことがなされなければならない」と訳せる。

Ｚ型においては「何か行動を起こさなればならない」と言っているだけである。つまりこれは、一般的で概念的な発言である。それに対してＰ型では、話し手は、たとえば国や地方自治体に援助を要請することや、優秀な教師を集めるために給与を引き上げることなど、いろいろな具体的な改善策を念頭に発言している印象がある。

Generally speaking, industry is not really interested in supporting pre-college education. **Z**

Three industries (solar, computer, agriculture) are interested in sponsoring activities in their nearby schools. **P**

Ｚ型は「一般的に産業界は、大学以前の教育を支援することに関心を示さない」、Ｐ型は「３つの産業界（太陽光発電、コンピュータ、農業）が近隣の学校の活動を支援することに関心を

持っている」と訳せるだろう。Z型はあくまで一般的であり概念的である。P型は具体的に複数の産業をあげている。

　freedom（自由）も抽象名詞だが、P型にできる。

Political freedom cannot be gained easily in poor countries. Z

Political freedoms cannot be gained easily in poor countries. P

　訳としては、どちらも「貧しい国々では政治的自由は容易に獲得できるものではない」くらいになろう。Z型とP型の違いを出して訳し分けるのは難しいが、両者の相違は先の industry/industries の例と同じである。Z型は自由という〈概念〉を、P型は具体的な自由、たとえば、信教・思想の自由、言論の自由、政党結成の自由などを意味している。つまり、freedom のP型はその〈種類〉を数えているわけである（p.22参照）。

5.2.

Z型とA型──a [an] を付けるか、付けないか

　　Z型とA型との対比は、おもに抽象名詞に関するものである。
Z型は一般的・概念的で漠然としているが、A型はこれを具体
化し、〈出来事〉、〈種類〉、〈特定〉、〈不定〉を表すようになる。

〈出来事〉を表すA型

I am against abortion. **Z**
(わたしは妊娠中絶に反対です)

She had an abortion **when she was young.** **A**
(彼女は若いときに妊娠中絶した)

　　Z型はあくまで一般論である。それに対してA型の例は、「若
いとき」の中絶というふうに具体な情報が加わっている。これ
は、Chapter 2 で説明した〈出来事〉を表す用法に分類できる。

Competition **would greatly help the development of the**
electronic industry. **Z**
(競争することによって電器産業の発展はおおいに促進されるだろう)

I am planning a piano competition **here next year.**
(わたしは、来年ここでピアノコンクールを開催することを計画している) **A**

　　Z型は一般的で漠然とした内容の文である。具体性はまった
く感じられない。A型は「ピアノコンクール」と具体的である。
これも1つの〈出来事〉を表していると解釈できる。あるいは
〈特定〉という解釈も可能だろう。

Murder is a crime punishable by execution. Z

（殺人とは、処刑によって罰せられる犯罪である）

This is a murder that must have taken place at least a month ago. A

（これは、少なくとも1カ月前に起こったはずの殺人である）

　Ｚ型は殺人という犯罪行為一般を表す。それに対してＡ型は、1カ月前に発生した、具体的な1つの殺人事件という〈出来事〉を指している。

He was accused of rape. Z

（彼はレイプの嫌疑で告訴された）

He was accused of a rape in his dormitory and so was expelled from school last year. A

（彼は昨年、大学の寄宿舎内でレイプをしたとの嫌疑で告訴され、そのため退学処分となった）

　Ｚ型の表現はあくまで一般的な記述であり、具体的な状況は何もわからない。それに対してＡ型の例は、寄宿舎内で起こった事件だとか、退学処分になったとかという具体性が加わっている。

〈種類〉を表すＡ型

　p.134 で Action must be taken to improve the school. という例文をあげたが、これも、次のように具体化する言葉を補うことでＡ型にできる。

An action **to better the quality of the teachers** must be taken to improve the school.

（その学校を改善するためには、教師の質をよくするというようなことが行われなければならない）

　to better the quality of the teachers という不定詞句によってA型が可能になっている。訳文はぎこちないが、A型の〈種類〉を表すという性質を表面に出すために、ちょっと無理して訳した。なお、ふつうの会話では an action と言うより some action とするほうが自然である。

There was a knock on the door, and I saw fear in his eyes. I have no idea why he felt fear. Z

（ドアをたたく音がしたとき、わたしは彼の眼に恐怖を見た。なぜ彼が恐怖を感じたのかわたしにはまったくわからない）

He has a fear of heights/spiders/snakes/dogs. A

（彼は高い所／クモ／ヘビ／犬に対して恐怖心がある）

　Z型は一般的な恐怖心を表している。A型は、高い場所、クモ、ヘビ、犬それぞれに対する恐怖心なので具体的であり、ある意味で〈種類〉を表しているといえる。

Humidity is a major problem in Japan. Z

（湿度は日本の大きな問題の１つである）

We have to have a humidity over 50 percent to protect these musical instruments. A

（これらの楽器を保護するために、50％を上回る湿度が必要である）

　Z型は湿度一般を指し、A型はある〈特定〉の湿度、すなわち50％を超える以上湿度を指している。〈種類〉と考えられる。

Speed is the cause of many accidents. Z
（スピードが多くの事故の原因である）

He was able to reach a speed faster than any other runner. A
（彼はほかのランナーより速いスピードで走ることができた）

　Z型は「速度が速いこと」という〈概念〉を表し、A型は具体的なスピード（faster than any other runner）の〈種類〉を指している。

Necessity is the mother of invention. Z
（必要は発明の母）

Water is a necessity to survival. A
（水は生存にとって必要なものである）

　Z型は、人々の「必要だという思い」といった概念的なものを表している。それに対してA型は、必要性の具体的な形、つまり1つの〈種類〉を指しているといえる。

Tradition hinders progress. Z
（因習によって発展が妨げられる）

It is a tradition in America to hang stockings by the fireplace on Christmas Eve. A
（アメリカでは、クリスマスイブには暖炉のそばに靴下をぶら下げるのが習慣である）

　1つ目の文の tradition と progress はいずれも Z型で、〈概念〉を表している。A型は、一般的な習慣の話でなく、「アメリカの」習慣というふうに限定しているので、習慣の〈種類〉を表しているといえる。

【 〈特定〉を表す A 型

次に、〈特定〉を表す A 型の、Z 型との対比である。

Melody is very important in Western music. -Z

（メロディは西洋音楽において非常に重要である）

**A melody keeps going through my head, but I cannot
remember what it is.** -A

（あるメロディが頭の中で繰り返し聞こえてくるが、それが何なのか思い出せ
ない）

　Z 型はメロディー般やメロディという〈概念〉を表すが、A
型は具体的なメロディを指している。実態はとらえているが、
名前などが思い出せない、というようなことを言っているので
ある。

Noise is hard to define. -Z

（雑音は定義するのが難しい）

**When I heard a noise, I dismissed it, but it turned out to
be a gunshot.** -A

（何か音がしたが、無視したところ、後になって銃の発射音だということがわ
かった）

　Z 型はあくまで一般的な記述であるのに対して、A 型は、実
際に「ある音」を聞いたという意味になり、〈特定〉の用法で
ある。

Sometimes wind **causes more damage than rain in a typhoon.** -Z

（台風では、雨より風のほうが大きな被害をもたらすことがある）

A wind **rose from the lake suddenly and rocked the boat.** -A

（突然、湖のほうから風が強くなり、ボートを揺らした）

　Ｚ型はあくまで風一般を意味し、Ａ型は具体的な風を意味している。

The administration agreed that change **is necessary.** -Z

（主催者は、変更が必要なことに同意した）

People demanded a change **in selecting candidates to participate in the competition.** -A

（人々から、競技に参加する参加者の選考に関して、ある種の変更を要求する声が上がった）

　Ｚ型は一般的な「変更」を表している。それに対して、Ａ型ではもう少し具体化しており、ある種の変更を意味するので、〈特定〉とした。しかし、「参加者の選考」ということまで明らかになっているので、〈種類〉を表すという解釈も可能だろう。

Concussion is one of the greatest dangers in contact sports. -Z

（脳振とうは、肉体同士がぶつかり合うスポーツにおいて、最も大きな危険の1つである）

The quarterback on the XYZ team suffered from a concussion **yesterday.** -A

（昨日の試合において XYZ チームのクォーターバックが脳振とうを起こした）

　　Ｚ型は脳振とうの、一般的で概念的な記述であるのに対して、Ａ型は選手が実際に起こした脳振とうのことを記述している。

Sunday is my favorite day of the week. ‹Ｚ›
（日曜日は１週間のうちでいちばん好きな日です）

Graduation was held on a Sunday last year. ‹Ａ›
（昨年、卒業式は日曜日に行われた）

　　Ｚ型は、日曜日一般に関する記述である。Ａ型は、一般的でなく、「ある特定の日曜日」という意味である。

〈不定〉を表すＡ型

　　今度は、Ａ型が〈不定〉の意味を持つ例をＺ型と比較しながら紹介したい。

The concept of sin is one of the unique characteristics of Catholicism. ‹Ｚ›
（罪の概念はキリスト教の独特な特徴の１つである）

For Catholics suicide is a sin. ‹Ａ›
（カトリック教徒にとって自殺は罪である）

　　Ｚ型は「罪」という〈概念〉を表し、一般的な記述である。それに対してＡ型は、具体的であり、１つの具体的な形の罪を表している。
　　次の例文は、〈特定〉の例として説明した文の時制を未来形に変えたものである。過去形ではある〈特定〉の日曜日を指すが、未来形にすると、日曜日であれば、どの日曜日でもよいということで〈不定〉となる。

Graduation will be held on a Sunday next year. ◀ A

（来年、卒業式は日曜日に行われるだろう）

In 1947 an American jet flew faster than sound for the first time in history. ◀ Z

（1947 年、アメリカのジェット機が歴史上初めて音速より速く飛行した）

We did not hear a sound all night. ◀ A

（われわれは一晩中、物音を聞かなかった）

　Z 型は、物理学の対象となる「音」を意味する。それに対して A 型は、日常的に聞く、具体的な音を表している。

　最後に Z 型と A 型のどちらでも使えるというケースを紹介しよう。

We need (an) agreement before we can act.

（行動に移る前に同意が必要である）

　Z 型は「同意」という〈概念〉、それに対して A 型は「ある種の同意」あるいは「正式な同意の書類」を意味する。もう少し詳しく言うと、A 型は、契約書に署名するとか、投票によって意見がまとまるなど具体的な状況があることを示す。こういうふうに説明すると、A 型と Z 型の相違は、はっきりしているかのような印象を与えるかもしれないが、尋ねる人によっては両者の差は無視できるくらい小さいという人もいるということを、付け加えておきたい。

型によるニュアンスの違いをさぐる

5.3.

A 型と P 型
──a [an] を付けるか、s [es] を付けるか

　次は、A 型（単数形）と P 型（複数形）を比べてみる。まず、簡単な例から見てみよう。たとえば、わたしはリンゴが好きです、と言うとき。

I like apples. (P)
（わたしはリンゴが好きです）

I like to eat an apple for breakfast every day. (A)
（わたしは、いつも朝食にリンゴを１つ食べるのが好きです）

　上の文の P 型は総称的用法で、一般的なことを記述する。「〜が好き」という場合は、このように P 型を使う。それに対して、下の文の A 型は〈不定〉の用法で、リンゴであればどんなリンゴでもよい。注意してほしいのは、for breakfast every day を省略すると、〈特定〉を表す A 型になり、「ある特定のリンゴが好き」という意味になる。しかし、ふつう、こういう表現はどんな言語でも使わないだろう。というのは、「ある特定の種類のリンゴ」を意味するのなら理解できるが、「ある特定の１個のリンゴ」を意味するのであれば、「なぜ特定の１個なのか」という疑問が生じるからである。なお、下の文で、apple をapples と P 型にした場合は、総称的用法ではなく、単純に「複数のリンゴ」を表す。

A reduction in the birth rate would contribute greatly to
solving the problems of developing countries. -A-
（途上国で出生率が低下したならば、それらの国々の諸問題を解決するにあた
っておおいに役立つだろう）

　reduction の後ろに in the birth rate があるので、この A 型は
〈種類〉を表していると考えられる。
　P 型の reductions も可能である。しかし、この文のまま、
reduction だけをたんに P 型にすると、内容的には不自然なも
のとなってしまうので次のように書き替える必要がある。

Reductions in the birth rates would contribute greatly to
solving the problems of developing countries. -P-
（出生率が低下したならば、それは途上国の諸問題を解決するにあたっておお
いに役立つであろう）

　次の 2 例は当たり前といえばそれまでなのだが、参考になる
部分もあると思うので、紹介しておきたい。

I would like to make an inquiry about the beginning date
of summer school. -A-
（サマースクールの開校日についてお尋ねしたいと思います）

　この A 型は、ある〈特定〉の質問をしたい場合に使われる。
この場合、開校日に関する質問である。それに対して P 型は、
複数の質問をする場合に使われる。たとえば、

He made inquiries in the neighborhood about the daily
activities of the murder suspect. -P-
（彼はその殺人の容疑者の日常の行動について付近の聞き込みを行った）

となる。make an inquiry が決まった慣用句だと思い込んでいる

と、このP型は思いつかないかもしれない。

I heard a voice in the next room that sounded like Mr. Smith's. ◂Ⓐ
(隣の部屋からスミスさんによく似た声が聞こえてきた)

　voice は日本語的にとらえると、抽象的な感じがしてZ型で使うのがふつうだと考えてしまいそうだが、実際はZ型では使えない。P型にすると、次のようなニュアンスになる。

I heard voices in the next room and so I assumed the meeting had started. ◂Ⓟ
(隣の部屋からガヤガヤと話し声が聞こえたので、会議が始まったものと思った)

5.4.

Z 型と T 型——the を付けるか、付けないか

これについては Chapter 3 と Chapter 4 でかなりスペースを割いて説明したが、再度、取り上げた。復習のつもりで読んでほしい。まずは簡単な例文から。

I want that dress regardless of price. **Z**
（値段に関係なくそのドレスが欲しい）

I want that dress regardless of the price. **T**
（値札に表示されている値段に関係なくそのドレスが欲しい）

Z 型は「一般的に値段と関係なしに」、つまり、高くても安くてもそのドレスが欲しい、という意味である。一方、T 型は「服に付けられている値段と関係なしに」という意味である。文法的に分析すれば、Z 型では話者は値段を知らない可能性があり、T 型では話者は確実に値段を知っている、という状況の違いを想定できる。しかし、実際には、そこまで厳密に使い分けられることは少ない。

次の 2 例の違いも、かなり微少である。

I want to get permission **to take a photograph of this painting. Z**
（この絵の写真を撮るための許しを得たい）

I want to get the permission **of the principal to take my child to Europe for a month. T**
（わたしは、自分の子どもを 1 カ月間ヨーロッパへ連れて行くための校長の許可がほしい）

　最初の文は、一般的な意味での許可を意味しているのでＺ型が使われている。「許し」という漠然とした訳を当ててみた。

　それに対して、２つ目の文の permission は of で〈限定〉されている。つまり、校長の「許可」なので、〈限定〉のＴ型となる。p.94（Chapter 3）で説明したように、この文において of the principal を from the principal に置き換えると、permission はＺ型にしないといけない。

I want to get permission **from the principal to take my child to Europe for a month.** Ｚ
（わたしは、自分の子どもを１カ月間ヨーロッパへ連れて行くための校長からの許しが欲しい）

　of と from の違いが、このようにＺ型とＴ型の差となって表れる（ちなみに、permission はＡ型にもＰ型にもできない）。from は〈限定〉の度合いが弱いのである。この点を再確認する意味で、また別の例をあげておこう。

We need cooperation **from Smith to achieve our goal.** Ｚ

We need the cooperation **of Smith to achieve our goal.** Ｔ

　訳はどちらも「目的を達成するためには、われわれはスミスの協力が必要である」というところだが、厳密にいえば、微妙なニュアンス違いがある。Ｔ型のほうは〈限定〉されているので、スミスしかできないような協力ということが強調されている。Ｚ型のほうはもっと一般的な意味の協力を意味する。これが of と from の違いである。

次の例もその差がわかりにくいかもしれない。

In the electronics industry competition **is very severe.** **Z**

In the electronics industry the competition **is very severe.** **T**

Z 型は一般的な〈状態〉を意味するので、「エレクトロニクス業界の競争は一般に非常に厳しいものだ」と訳せる。あくまでこの業界の一般的な状況を述べたものである。それに対して T 型は、「エレクトロニクス業界の内部では、この業界独特の競争が非常に厳しい」というふうに訳せる。つまり、the competition には、ほかにはない、エレクトロニクス業界ならではの競争、といったニュアンスがある。

型によるニュアンスの違いをさぐる

5.5.

Ａ型とＴ型
──a [an] を付けるか、the を付けるか

　ここでも、前に取り上げたことをもう一度、いろいろな例文を使いながら復習してみたい。

【 〈特定〉のＡ型と〈限定〉のＴ型

When I got to Tokyo, the first thing I did was to buy a map of Tokyo. Ⓐ
（東京に着いて、真っ先に東京の地図を買った）

This is the map of Tokyo which I bought while I was there. Ⓣ
（これは、わたしが東京にいる間に買った東京の地図です）

　Ａ型は、いくつもある東京の地図のうちの、「ある〈特定〉の１枚の地図」という意味である。これに対して、Ｔ型は、わたしが買った「その地図」と〈限定〉している。前者では、その地図がどんなものかについて知っているのは話し手だけだが、後者のＴ型は話し手と聞き手の両方が知っている、という状況である。

　もし最初の文のa mapをthe mapと書き換えたとしたら、それが意味するところは、次の２つのうちのどちらかである。１つ目は、東京の地図は１つしか存在しない（そんな馬鹿な、と言われるだろう）。２つ目は、この文の前に、ある東京の地図の話をしていて、その地図のことを再度話題にしたい場合である。このいずれでもないならば、Ａ型にしないといけない。

同じような例をもう１つあげよう。

He gave a paper on problems of robotics at a conference on artificial intelligence. -Ⓐ
（彼は人工知能に関する会議で、ロボット工学の諸問題についての論文を発表した）

He gave a paper on problems of robotics at the conference on artificial intelligence about which I told you the other day. -Ⓣ
（彼は先日わたしがあなたに話した人工知能に関する会議で、ロボット工学の諸問題についての論文を発表した）

　a conference と the conference の違いだが、前者では、この会議が初めて話題になり（初出）、まだ話し手と聞き手との間で共通の了解事項になっていないのに対して、後者では「わたしが話した」という修飾節があるために〈限定〉されて共通の話題になっている。
　次は、Ａ型にするかＴ型にするか、おおいに迷うであろう例である。Chapter 3 で、「以前に話題にしたもの・ことにもう一度ふれるとき、それが先に話題にしたものと同一のものであることを示すために、２度目に表れる同じ名詞は必ずＴ型にしなければならない」と述べたが、これがあてはまらないケースがある。

I have no idea whether there is a publisher that could imagine making money from my latest novel, but I had the same difficulty imagining it in the case of my [the] first novel, which turned out to be a big success. Perhaps on the strength of that book, I will be able to find a publisher more easily.

（自分の最新の小説が金になると考えてくれるような出版社があるのかどうか、わたしにはまったくわからないが、結果として大成功となった処女作の場合も、金になると考えるのが難しい状態だった。たぶん、その第一作の成功のおかげで、今度はもっと簡単に出版社を見つけられると思う）

　上の原則からいえば、2度目に出てくる publisher を T 型にしたい誘惑に駆られるが、この文脈ではそれはできない。まだ出版社が決まっていないからである。つまり、〈不定〉なのである。したがって、もしこういう状況が続けば、何回、同じ名詞が出てこようとも、いつも A 型にしなければならない。文法のルールを機械的に当てはめるのではなく、たえず内容に配慮すべきであることを示す良い例といえる。

〈不定〉の A 型と〈限定〉の T 型

An earthquake is a shaking of the ground. **A**

（地震とは、地面が揺れ動くことである）

That building fell down in the shaking of yesterday's earthquake. **T**

（あのビルは昨日の地震の揺れで倒壊した）

Tokyo was destroyed in the 1923 earthquake not so much by the shaking**, as by the subsequent fire.** **T**

（1923 年に起こった地震で、東京は、揺れというより、むしろそれに続いて起こった火事で壊滅状態になった）

　1 つ目の文は地震の定義を説明している文であり、このＡ型は〈不定〉の用法で、地面の揺れという一般的な現象を表している。それに対して、2 つ目の文のＴ型は、「昨日の地震による」揺れと〈限定〉されている。また最後の文でも、文脈から1923 年の地震による揺れということがわかるので、Ｔ型になっているのである。

He was in prison for a short period **of his life.** **A**

（彼は自分の人生のうち、ある短い期間、刑務所に入っていた）

He was in prison for the period **of his life when his children were in elementary school.** **T**

（彼は、自分の子どもたちが小学生のとき、刑務所に入っていた）

　Ａ型は、「短い期間」という期間の〈種類〉を表している。それに対してＴ型は、「子どもたちが小学生のとき」というように期間を〈限定〉している。

He has a creative imagination**, which reminds me of that of a poet.** **A**

（詩人は創造性に富んだ想像力を持っているが、彼にもそのようなものが備わっている）

He has the creative imagination **of a poet.** **T**

（彼には、詩人しか持っていない創造性に富んだ想像力が備わっている）

　この 2 者の違いを強調するために、ちょっと無理な訳を付けたきらいがあるが、要するに、後者は詩人の創造的想像力を意

味している。その想像力は音楽家のそれでもなければ、また画家のそれでもない。つまり、Ｔ型になっているのは、そこに「詩人の」という明確な〈限定〉があるからである。それに対して前者のＡ型は、「詩人を思わすような」という補足説明はあるが、それは特定の１つに絞りきれるほど強い限定ではなく、〈種類〉を表す程度である。

【 「唯一」を表すＴ型

Money appears to have been a motive. **A**
（お金が動機の１つであったようだ）

Money appears to have been the motive. **T**
（金が唯一の動機であったようだ）

　Ｔ型の場合は、動機は金以外になかったということを意味する。それに対してＡ型は、ほかにもいろいろな動機があったが、金がそのうちの１つであったことを意味する。

He is an only child. **A**
（彼は一人っ子である）

He is the only child **of that couple.** **T**
（彼はあの夫婦の一人っ子である）

　Ａ型は、一人っ子という〈カテゴリー〉を意味する。それに対してＴ型は、〈特定〉の夫婦の一人っ子を意味する。

Benjamin Franklin said man is a tool-making animal. He could have said man is the tool-making animal. That is to say, man is man precisely because he makes tools.

（ベンジャミン・フランクリンは、人間は道具を作る動物である、と言ったが、人間は道具を作る唯一の動物である、と言ってもよかったのではなかろうか。というのは、人間は道具を作るからこそ人間なのだ、といえるから）

　　この例からも、T型は「唯一の」という意味を表すことがよくわかる。

A problem is that we don't have any consensus on that policy. Ⓐ

（問題の１つは、われわれがその政策についてコンセンサスを持っていないことだ）

The problem is that we don't have any consensus on that policy. Ⓣ

（問題は、われわれがその政策についてコンセンサスを持っていないことだ）

　　この２つは文脈によって使い分ければよいのであるが、よく見たり聞いたりするのは the problem のほうである。これはたぶん、ほかにいろいろ問題があったとしても、自分の指摘した問題を強調したいという意識が前面に出ることが多いからであろう。つまり、レトリックの問題であり、とくに会話で多いように感じられる。

　　ところで、次の例はどうだろうか。

型によるニュアンスの違いをさぐる

When they were walking through the Columbia University campus, they saw a statue of "the thinker". One of them said that there is an identical one in Kyoto.
（彼らがコロンビア大学のキャンパスを歩いていると、「考える人」の像があるのが見えた。京都にもあれとそっくりの像がある、とその中の一人が言った）

　A 型の意味をはっきり出すために an identical one を「あれとそっくりの像」と訳してみたが、「あれと同じ像」と言っても通じるだろう。このあたりが日本語の曖昧なところという感じがする。というのは、英語では、この場合 the identical one とは言えないからである。ここで an の代わりに the を用いたとすると、今目の前にあるものとまったく同一の像が京都にもあることになる。像が物理的実在であるかぎり、まったく同一の像が異なった場所に同時に存在することは不可能である。
　しかし、精神的なものであれば、それが可能である。たとえば、

We hold the identical view on this subject.
（われわれは、このテーマについて同一の見解を持っている）

という例があげられる。

序数における A 型と T 型

　次に、序数が付く場合、すなわち「第 1 の〜」、「第 2 の〜」などの表現について考えてみたい。ふつう、名詞に序数が付くと明確に〈限定〉されるので、T 型が用いられる。
　しかし、文脈によっては A 型が使われる場合もある。たとえば、次の例を見てほしい。

They are thinking of several options to defend the country from enemy attack. A first option is to strike their airfields before the enemy launches an attack. A second option is to mine their harbors before their ships can leave. A third option is to interrupt their radio communications. There are other options as well.

（彼らは、その国を敵の攻撃から守るために取るべきいくつかのオプションについて考慮中である。第1のオプションは、敵が攻撃をしかけてくる前に彼らの飛行場をたたくことである。第2のオプションは、敵の船団が出航する前に港に機雷を敷設することである。第3のオプションは、敵の電波通信網を妨害することである。また、そのほかにいくつかのオプションがある）

　序数が使われているにもかかわらず、いずれもＡ型なのは、第1文で「いくつかのオプションについて考慮中である」と「オプション」の数を曖昧にしているからである。もしこの文を、They are thinking of three options ... というふうにオプションの数がはっきりわかるように書き直せば、その後の序数の表現は、the first option/the second option/the third option のように、Ｔ型にしなければならない。

　しかし、これほど厳密でなくても、たとえば、

There are several options to consider in order to defend the country from enemy attack.

というぐらいの感じでもよい。これだと、「いくつかのオプションがある」と数がかなりはっきり断定され、その後の序数はＴ型で表す。

　さらに、次のような例もある。

He has published two books: one is on animal life, the other on plant life. He is currently working on a third book.
（彼は2冊の書物を出している。1冊は動物の生活について、もう1冊は植物の生活について。彼は現在、3冊目の本を執筆中である）

　このケースで the third book とならないのは、まだ執筆中の本が3番目の本になるのかどうか、彼が書き上げるまでわからないからである。こうした例は、序数だからT型にしないといけないという安易な形式主義に注意を喚起するものとして、はっきり記憶しておくべきである。

5.6.

Ａ型とＴ型で意味が変わらない場合

　次に、Ａ型とＴ型の両方が同じ意味で使える場合について説明したい。

He suddenly had an impulse **to eat inarizushi.** -Ⓐ

He suddenly had the impulse **to eat inarizushi.** -Ⓣ

（彼は突然いなりずしを食べたいという衝動に襲われた）

　この例では、どちらを使っても同じ意味である。今まで両者の差ばかり強調してきた手前、説明しづらいが、とりあえず、もう少し似たような例をいくつか見てみる。

We do not want to give an impression **that we are indifferent to peace talks.** -Ⓐ

We do not want to give the impression **that we are indifferent to peace talks.** -Ⓣ

（われわれは、自分たちが平和問題の話し合いに無関心であるとの印象を与えたくない）

I have been waiting for a chance **to express my own opinion.** -Ⓐ

I have been waiting for the chance **to express my own opinion.** -Ⓣ

（わたしは、自分自身の意見を披露する機会を待っていた）

型によるニュアンスの違いをさぐる

He has an ability to communicate with dogs. **A**

He has the ability to communicate with dogs. **T**

（彼は犬と気持ちを伝え合う能力を持っている）

An ability to speak a foreign language is an asset. **A**

The ability to speak a foreign language is an asset. **T**

（外国語を話せるという能力は 1 つの財産である）

　これは一体どういうことなのであろうか。筆者にもその理由はよくわからないが、1 つだけ次のようなことがいえるかもしれない。たとえば 1 組目の impulse の文を例にとって説明すると、いなりずしを食べたいという衝動は、具体的ではっきりしたものであり、衝動の中身が十分に〈限定〉されている。したがって、T 型。ところが同時に、これは衝動の一形態ともいえるので、〈種類〉を表す A 型にもなる、と。こうした説明が可能であるという証拠の 1 つとして、次の例をあげておきたい。

① She was in a good mood for me to talk to her. **A**
　（彼女は、わたしが話しかけられるくらい、良い気分だった）

　この例は、A 型だけが可能だが、次の場合は両方が可能となる。

② She was in a mood to see a movie tonight. **A**
③ She was in the mood to see a movie tonight. **T**
　（彼女は今夜、映画を見に行こうかという気分だった）

　①と②③との違いは、①が good という形容詞で修飾されていることである。そのため、前者は「気分」の 1 つの〈種類〉

を表すようになり、したがって、Ａ型だけが可能となる。それ
に対して後者の場合は、〈限定〉とも、また〈種類〉ともどち
らにも解釈できるので、Ａ型もＴ型も可能となるのである。

5.7.

型による語義変化

　型によって、語そのものの意味が変化する場合があることは、すでに指摘したが、最後に、もう少し具体例を示して説明しておきたい。

① His reply may have meaning that we are not aware of. **Z**

② His reply may have a meaning that we are not aware of. **A**

③ His reply may have meanings that we are not aware of. **P**

　まず、①の Z 型の冠詞のない場合だが、「彼の答えには、われわれが気づいていない意義があるかもしれない」と訳せる。meaning は、「意義」を意味する。これに対して、②の A 型あるいは③の P 型は、両方とも「意味」を指し、さらに厳密には A 型が「ある意味」、P 型が「いろいろな意味」となる。ただし、ふつう、P 型はあまり使わないようだ。

　以前、ある語を A 型にできるなら、その語はほとんどの場合、P 型にもできると説明したことを思い出してほしい。つまり、A 型や P 型と Z 型との間で起こる意味変化は、A 型と P 型との間では起こらない可能性が高いということである。その理由は、P 型は A 型が複数個、集まったものだからである。

Chapter 6

文脈の中で見る
複数と冠詞

　前章までは、複数や冠詞の個々の用法を説明してきた。この
Chapter では、それらをより具体的、現実的な文脈の中におい
て見てみる。

　以下の会話はまったくの創作であるが、使われている英語表
現はかなり頻度の高いものである。注意すべき冠詞や複数形を
含む表現に番号を付したので、まずは、なぜそのように冠詞や
複数形が使われているのか、Chapter 1 から Chapter 5 までの
内容と照らし合わせながら、考えていただきたい。SCENE 1
から SCENE 3 まで、それぞれ会話文の後に解説を設けてある。

　話は、若い女性（Mary Jones）がアメリカ人の若い男性（John
Miller）に出会うところから始まる。お互い初対面である。ここ
から会話がどのように展開してゆくのか、その流れも味わって
ほしい。

> **SCENE 1**

Mr. John Miller is a patent lawyer (1) *standing at the end of a line* (2) *at
the entrance to the dining room of a hotel* (3) *in New York waiting to
be seated by the hostess* (4)*. Professor Mary Jones, a young
historian at Columbia University* (5)*, arrives behind him.*

Mary: Is this the end of the line? (6)

John: Yes, it is. Don't I recognize you? Haven't we met before?

Mary: Do I know you? Have we met before?

John: You look familiar. Didn't you go to the University of
Pennsylvania? (7)

Mary: Yes, actually that's where I got my **Ph.D.** about five years
ago.

John: Really? That's where I went to law school (8). I was there six years ago. I'm sure I saw you someplace at Penn(9). If you don't mind me saying so, I could never forget <u>an attractive girl like you</u>(10).

Mary: Oh, please.

John: No, seriously. I remember noticing you at Penn, but I was too shy to introduce myself.

Mary: Well, I am very flattered that you remember me.

John: Would I be intruding on you if I asked you to join me for <u>lunch</u>(11) today since we both seem to be alone. **What do you say?**

Mary: Well, I am late for <u>a meeting</u>(12) and was hoping to <u>catch a bite</u>(13) and eat quickly.

John: I am too, but since this line is so long we will be late anyway. So let's take our time and suffer together. At least we will get <u>lunch</u>(11).

Mary: All right. **What brings you here** to New York**?**

John: I am here for <u>a conference on technology and patents</u>(14).

Mary: You're kidding! That's what I am here for too.

John: You're joking. You are not a patent lawyer too, are you?

Mary: No way! I am an historian at Columbia University, interested in <u>technology development</u>(15).

John: **With all due respect**, you look too young to be <u>a professor</u>(16).

Mary: That's very nice of you, but don't get carried away. In this day and age <u>a remark like that</u>(17) makes you sound so **patronizing**. Actually I just got **tenure** and became <u>an associate professor</u>(16).

John: Well. <u>Congratulations</u>(18) on your promotion! That's wonderful. What if we go out tonight to celebrate? What do you say?

Mary: No way. We've just met. I hardly know you. <u>A date</u>(19)

文脈の中で見る複数と冠詞

immediately after first meeting(20) is a no no(21).

John: But good things(22) come along so rarely. One should enjoy a happy event(23). If you are by yourself, let me help celebrate with a "got-tenure" dinner(24).

Mary: Well, I appreciate the invitation(25), but I already have a commitment(26) tonight. By the way, this line is moving too slowly. At this rate we will never get to eat lunch. I've got to get something to eat quickly and get to the conference session on the "History of AI in the USA."(27)

John: **I second that**, because I am late for the session on "Patents(28) and Intellectual Property." So let's get out of here. I have a proposition(29). I heard there is a place called The Manhattan Coffee Shop(30) near the hotel(31). It won't be crowded. Let's go there.

Mary: That's a good idea(32), but do you know where it is?

John: Not exactly. I'll ask someone.

p.173 へ続く

▌ 複数と冠詞の解説

(1)　lawyer が初出だから A 型。

(2)　line は初出で A 型、the end は of で修飾され、何の「最後」かわかるので T 型。

(3)　entrance は「食堂」の入り口ということがわかるし、また dining room は「ホテル」の食堂とわかるので、それぞれ T 型。hotel は初出だから A 型。

(4)　hostess は文脈から食堂にいるスタッフだということがわかるから T 型。

(5)　young historian は初出だから A 型。Columbia University は Z 型で使う固有名詞。((7) を参照)

(6)　line が T 型なのは、指示代名詞的用法であり、われわれが今見ている行列、つまり、「この」行列を意味する。

(7)　大学名は、the university of ABC のように university が先に来ると T 型になる。

(8)　「法学部」という意味。1 つの〈概念〉のようなもので、Z 型で使う。同様に、「医学部」は Z 型で medical school。

(9)　the University of Pennsylvania の略称。

(10)　この A 型は〈不定〉の用法。

(11)　「昼食」という意味の lunch はふつう Z 型で使う。ただし、形容詞が付いていると、〈種類〉を表す A 型となる。たとえば an early lunch（早めの昼食）のように。

(12)　もし the meeting と the を付けると、話し手も聞き手もどういう会合かがわかっていることになる。ここではジョンはメアリーが出席する会合について何も知らないので、a meeting となる。〈特定〉の A 型。

(13)　catch a bite は慣用句で、「簡単なものを食べる」という意味。

(14)　conference は（12）の meeting と同じ理由で A 型。technology は一般的・概念的なことなので、Z 型。patents（特許）の P 型は〈種類〉を表す。

(15)　一般的な〈概念〉を表しているので Z 型。

(16)　〈不定〉の A 型。大学での職名（ランク）を表す。Z 型の Professor は、名前の前に付ける肩書きとして使う。

(17)　〈不定〉の A 型。「そのような発言」という意味で、特定の発言を指しているのではない。

(18)　「おめでとう」と言う場合は、P 型で用いられる。

(19)　〈不定〉の A 型。

(20)　この meeting は「会合」や「会議」の意味でなく、動名詞的なものなので、冠詞は不要。

(21)　慣用句。

(22)　一般的・総称的に表現する P 型。

(23)　〈種類〉を表す A 型。

（24）got-tenure が形容詞の役割をしているので、〈種類〉を表す A
　　　 型と考えられる。形容詞なしでは dinner は Z 型で用いられる。

（25）初出の語だが、その内容は両者の間で了解されているから T 型。
　　　 文脈から決まる T 型といえる。

（26）〈特定〉の A 型。

（27）of ... で修飾され〈限定〉されているから、（〈初出限定〉の）T 型。

（28）総称の P 型。

（29）「ある種の」という意味で、〈特定〉を表す A 型。

（30）固有名詞の一部としての T 型。

（31）二人が今いるホテルという意味で、両者に了解されているの
　　　 で T 型。

（32）〈種類〉を表す A 型。

▌ 語句・表現の解説

Ph.D.

Doctor of Philosophy と呼ばれ、日本の「博士号」に相当する。日
本では博士号は分野名を冠するが、アメリカでは分野を明記せず、
たんに Ph.D. という。いわゆる MD (Doctor of Medicine) はアメリカ
で医学部を卒業した人に与えられる。アメリカ式にいえば、日本の
医学博士は MD ではなく、Ph.D. であり、医学部を卒業した医師で
かつ医学博士なら、MD, Ph.D となる。

What do you say?

この表現は、先に質問あるいは提案をして、相手の答えをうながす
ときによく使う。

How about going to a movie tonight? What do you say?
（今晩映画を見に行かないか。どう？）

What brings you here 〜?

「なぜここ〜に来ているの？」という意味。Why did you come here 〜? と意味は同じだが、why で尋ねると、あなたがここに来る理由はわたしには想像できない、というようなニュアンスがあり、ちょっと失礼な感じを与える。bring を過去形にして What brought you here 〜? とも言える。現在形との差は微妙であるが、初めて会った人に対しては、現在形で、何度か会っている人に対しては、過去形で尋ねるというような違いがあると言う人もいる。

With all due respect

お言葉ですが、と言って反論する場合に使われる。会議などで反対意見を述べる前などに便利。

patronizing

この語は非常に翻訳しにくいが、会話でよく使われる。「えらそうにする」「あつかましい」「恩着せがましい」「生意気」など。いちばんよく聞くのは、"Don't patronize me." という表現で、「上から目線でものを言わないで」というような意味。たとえば、パワハラを受けた人がこの言葉を使うかもしれない。この訳からもわかるように、強い表現であり、反発や怒りの表れであるので、使用には注意してほしい。

tenure

終身在職権。日本の大学では一度常勤になれば終身雇用となるが、アメリカの大学ではいきなり終身雇用にはならない。大学によって異なるが、lecturer, assistant professor, associate professor, professor と 4 段階に分かれているのがふつうで、tenure は associate professor のレベルからとなる。tenure を獲得して初めて終身雇用となる。

I second that

本来は、会議などである人が動議を提出した場合、その動議に賛成

の意を表明する際に使われる。動議は一人だけが賛成で、ほかにだれも賛成しないのなら取り上げられない。が、それに賛成の人がもう一人出てくると、取り上げられるので、この表現が使われる。日常でも、たとえば、だれかが Let's take a break and have a cup of coffee. と提案し、それに賛成なら I second that.(わたしも賛成です)と言える。

会話の訳

ジョン・ミラーは特許弁護士である。彼は今、ニューヨークの、とあるホテルのレストランの入り口にできている行列の最後尾にいて、係の女性にテーブルに案内されるのを待っている。コロンビア大学の若い歴史学者であるメアリー・ジョーンズが彼の後ろに並ぶ。

メアリー：これが列の最後尾ですか？

ジョン：はい、そうですが。前にお会いしたことがありませんか？

メアリー：そうですか？　以前にお会いしましたっけ？

ジョン：どこかでお見かけしたように思います。ペンシルベニア大学に通っていらっしゃいませんでしたか？

メアリー：ええ、実はそこで 5 年前に Ph.D. を取りました。

ジョン：本当？　わたしも同じ大学で法律を勉強しました。6 年前でした。大学で確かにあなたの姿を見たのを覚えていますよ。ちょっと言いすぎかもしれないけれど、あなたほど魅力的な女性を忘れるわけがないでしよう。

メアリー：バカなことを言わないでください。

ジョン：いえ、わたしはまじめですよ。大学であなたを見たのを覚えていますが、どうも恥ずかしがり屋なもので、声をかけられなかったのですよ。

メアリー：わたしを覚えているなんて、お世辞がお上手ね。

ジョン：わたしたちは二人とも一人のようなので、今日のランチを ご一緒にとお誘いしたら、迷惑ですか？　どうです？

メアリー：えー、そうね。ミーティングの時間に遅れているので、 急いで簡単な食事をしようと思っていたのですが。

ジョン：わたしも同じですよ。たくさんの人たちが並んで待ってい るので、どっちみち遅刻ですね。だから、一緒にのんびり困り ましょう。そうすれば少なくともランチは食べられますよ。

メアリー：わかったわ。ところで、ニューヨークへはお仕事で？

ジョン：技術と特許の会議に出席するためです。

メアリー：うそでしょ。わたしもそのために来たんです。

ジョン：まさか。あなたも特許弁護士じゃないでしょうね。

メアリー：とんでもない。わたしはコロンビア大学の歴史学者で、 技術の発展に関心があるんですよ。

ジョン：失礼ながら、あなたは大学教授にしてはお若く見えますが。

メアリー：お上手ですが、言いすぎです。今の時代、そういう発言 は上から目線のように聞こえますよ。実は、テニュア（終身在 職権）を取って、准教授になったばかりなのです。

ジョン：そうですか。ご昇任おめでとう。すばらしい。今晩、お祝 いしませんか。いかがでしょう？

メアリー：無理ですよ。まだ、会ったばかりで、わたしはあなたを ほとんど何も知らないのだから。会ったばかりでデートなんて ありえないです。

ジョン：しかし、良いことはめったに起こりません。このハッピー な機会を楽しむべきですよ。もしほかにだれもいらっしゃらな いのなら、テニュア取得のお祝いディナーをさせてください。

メアリー：お誘いいただけるのはうれしいですが、今夜はすでに先約があります。ところで、この行列はほとんど動いていませんね。この調子では、ランチは食べられないかもしれませんね。何かをさっと食べて、「アメリカにおける人工知能の歴史」のセッションに行かないと。

ジョン：その意見に賛成です。わたしも「特許と知的財産権」のセッションに遅れているので。だから、ここから出ましょう。1つ提案があるのですが、このホテルの近くにマンハッタン・コーヒーショップという店があると聞いたことがあります。そんなに混んでいないでしょうから、そこへ行きましょう。

メアリー：グッド・アイデアね。でも場所はわかりますか？

ジョン：実はわからないので、だれかに尋ねますよ。

p.178 へ続く

SCENE 2

Just then, by coincidence, William (Bill) Monroe, <u>a former schoolmate</u>(33) of John's, comes walking towards them up the street.

Bill: Hey John, what are you doing here <u>in town</u>(34)?

John: Hi Bill. How are you? I haven't seen you in ages. What are you doing here?

Bill: I live in New York now. You too?

John: No, I'm just here for a few days for <u>a conference</u>(35). Let me introduce my friend Professor Mary Jones. Mary, this is Bill Monroe. He and I used to go to high school together.

Mary: Hello Bill. Nice to meet you.

Bill: Hello, nice to meet you, too, Mary.

John: Listen, Bill, sorry to cut this short, but we're <u>in a hurry</u>(36). We are trying to have <u>a quick lunch</u>(37) here and get to conference <u>meetings</u>(38). But look at these people waiting to get into <u>the hotel restaurant</u>(39). So instead of eating <u>lunch</u>(40) here, we're going to the Manhattan Coffee Shop, which, as I understand it, is near this hotel. Would you like to join us for <u>a quick bite</u>(41) or a cup of coffee?

Bill: Listen, **you guys**, I'd love to, but I can't. Do you remember Joe Stevens from high school? Does his name ring a bell?

John: Sure. He won <u>the chess tournament</u>(42) in our senior year.

Bill: Well, I'm on my way to see Joe. His father died the day before yesterday and I'm heading to <u>the funeral</u>(43) now. I am supposed to meet <u>a friend</u>(44) here and go together.

John: Gee, I'm sorry to hear that. That is why you are dressed like that. I was wondering why you are wearing <u>a suit and neck tie</u>(45). I remember he was very close to his father. He must be taking it hard.

Bill: Well, actually his father was sick <u>for a long time</u>(46), so in many ways it is <u>a blessing</u>(47), and Joe was expecting it.

John: Well, **I'm really sorry.** Please give Joe my <u>condolences</u>(48).

Bill: I certainly will. He will be glad to know I met you. I'm really uneasy because I haven't attended <u>a funeral</u>(49) for years and I don't know what to say or do there.

Mary: Don't worry. My mother died a few years ago and everyone who came to <u>the funeral</u>(50) was kind and just said "I'm sorry. Please take good care of yourself." That's all you have to say. Just do what other people do. You'll manage.

John: Bill, can you give me your phone number? I'd love to call you later and <u>catch up on things</u>(51).

Bill: Sure. Here it is.

John: Thanks. I'll definitely call you. Take care.

<u>A woman</u>(52) in a black dress approaches them.

Rachel Walls: Hi, Bill. I am sorry I am late. Did you wait long?

Bill: No, I just got here. Let me introduce my friends who I just bumped into.

<u>Brief introductions</u>(53) are made then and completed.

Mary: Rachel, **I like your** dress**.** It looks so elegant. Where did you buy it?

Rachel: Oh, Thank you. It is very nice of you to say that. It is flexible, since it is suitable for both <u>a dinner party</u>(54) and even <u>a funeral</u>. (55)

Bill: Hey, We'd better go. Otherwise we may not make it.

Rachel: Yes, you are right. Well, Mary and John , it was nice meeting you.

John: You too. Nice to have met you, Rachel. Hope to see you again sometime.

Rachel: Yes. Thanks, I hope so too.

After they all say goodbye to each other, Mary and John try to look for the coffee shop(56), *but they cannot find it. Then suddenly a strange looking man*(57) *approaches them and says "I am broke. Can you spare some quarters?" John says to the man "Do you know any coffee shop around here?" The man says "Sure" and points at a coffee shop*(58) *which turns out to be the very Manhattan Coffee Shop*(59) *they are seeking. John says "Thanks." Under normal circumstances*(60) *John does not give money to beggars on the street, but in this case he gives the man a quarter.*

p.181 へ続く

▏複数と冠詞の解説

(33) これを A 型でなく、the former schoolmate と T 型にすると、学生時代の友人は一人しかいなかったことになる。

(34) 前置詞を伴うと、Z 型になる場合がある。

(35) John と Mary の間では了解事項であるが、Bill には何の会議かわかっていない、つまり Bill にとって初耳だから、「ある」と〈特定〉のものを表す A 型が使われている。

(36) 慣用表現。

(37) Z 型でなく A 型になっているのは、quick で修飾されているから。〈種類〉を意味する。

(38) conference では会合が複数開かれるので、〈総称〉の P 型。P 型の meetings の前に conference という単語があるが、これは名詞ではなく、形容詞である。

(39) 目の前のレストランだから T 型。

(40) これは修飾されていない。だから、Z 型。

(41) 慣用表現。

(42) この T 型は 2 つの解釈が可能。① 4 年生のときに開催された大会。②その高校で開かれた大会。どちらにせよ、1 度だけ開催された。

(43) だれの葬式かわかるから T 型。

(44) 初出で、「ある」を表す A 型の〈特定〉用法。

(45) この "a" は suit と neck tie の両方にかかっている。

(46) これは決まった言い方。〈種類〉の A 型。

(47) 「神の恩恵」という意味。A 型、P 型が可能だが、Z 型は使わない。

(48) 「お悔やみの言葉」という意味では P 型で使う。

(49) 一般的・総称的な〈不定〉の A 型。

(50) 文脈から母の葬儀であることがわかるから T 型。

(51) catch up on things で慣用句。前回会ったときから今までに「いろいろなこと」が起こっているに違いなく、その話をしよう、という意味。

(52) 後ろから in a black dress という前置詞句で修飾されているので T 型になると思うかもしれないが、初出なので A 型で〈特定〉用法。

(53) 4 人それぞれの紹介をするので、introductions と P 型になっていることに注意。

(54) 一般的・総称的な〈不定〉の A 型。

(55) (54) と同じく、一般的・総称的な〈不定〉の A 型。

(56) このコーヒーショップは既出の The Manhattan Coffee Shop。したがって T 型。

(57) 初出なので A 型の〈特定〉用法。

(58) この時点ではまだ話し手の間で共通の了解を得ていない「1軒のコーヒーショップ」なので、〈不定〉の A 型。

(59) the very ... で「まさにその…」という意味。

(60) 「状況」という意味では、P 型で使うことが多い。

語句・表現の解説

Hey/Hi

親しい相手に対して使う表現。Hey は 1950〜60 年代以前ではほとんど使われなかった。乱暴な表現と思われたからだが、今では Hi と Hey は、ほとんど同じ意味で親しい人たちの間で日常的によく使われる。また、Hi, there! と there を付ける表現もよく耳にする。とくに家族や子どもやペットに対して使うのがふつうで、学生が先生に対して Hi, there. と言うことはない。

you guys

guy という言葉は、a guy と単数で使うと「男」を意味するが、複数になると、意味がいろいろ変化する。男だけ、女だけ、男と女の混合のグループに対しても使える。You guys did a wonderful job today.（あなたたちは今日、とてもよくやった）という言葉を聞いただけでは、「あなたたち」が男なのか女なのかはわからない。この言葉は便利だが、目上の敬意を払うべき人に対しては使えないので、注意が必要。

I am really sorry.

一応、「ご愁傷さま」と訳した。日本語ではふつう、肉親を亡くした当人に向かって言うが、英語ではこのように、すなわち第三者に対しても使う。

I like your 〜.

これは相手をほめる表現であり、社交儀礼の 1 つとして重要。なお、I like [love] your sweater.（あなたのセーターはすてきね）と You look good in that sweater.（そのセーターはあなたに似合う）とは、ニュアンスが異なる。どちらもほめ言葉であるが、前者はセーターに力点が置かれ、後者は似合う、似合わないに力点が置かれている。

会話の訳

ちょうどそのとき、ジョンの高校時代の旧友、ウイリアム（ビル）・モンローが偶然、彼らのほうに向かって通りを歩いてくる。

ビル：やあ、ジョン。この街でいったい何をしているの？

ジョン：やあ、ビル。元気？　ずいぶん久しぶりだね。君こそ何をしているんだ？

ビル：僕は今ニューヨークに住んでいるんだ。君もそうかい？

ジョン：いや、僕は数日間、会議のために来ているだけだ。友人のメアリー・ジョーンズ教授を紹介しよう。メアリー、こちらはビル・モンロー。同じ高校に通っていたんです。

メアリー：こんにちは、ビル。はじめまして。

ビル：こんにちは、こちらこそよろしく、メアリー。

ジョン：ねえ、ビル、中途半端で申し訳ないが、われわれは急いでいるんだ。ここで簡単なランチを食べてから、会議に出席するんだ。でも、見てのとおり、ホテルのレストランへ入るのを待っている人たちでいっぱいだ。だから、ここでランチを食べるより、すぐ近くにあるらしいマンハッタン・コーヒーショップへ行こうとしているんだよ。君も一緒に軽食か、コーヒーか何かをどう？

ビル：そうしたいんだけれど、ダメなんだ。同級のジョー・スティーブンスを覚えているかい？　彼の名前、覚えてる？

ジョン：もちろん。彼は4年生のときチェス・トーナメントで優勝したね。

ビル：実は、ジョーに会いに行くところなんだ。彼の親父さんが一昨日亡くなって、これから葬式に行くんだよ。ここで友人と待ち合わせて、一緒に行くことになってる。

ジョン：ああ、それはお気の毒だね。だからそんな服装をしている
んだね。どうしてスーツにネクタイなんだろうと思ってた。彼
は確か、親父さんと仲が良かったから、つらいことだろうね。

ビル：実は、親父さんはかなり長い間病気でね、だから、亡くなっ
たことはいろいろな意味で救いだし、そうなることはジョーは
わかってたんだ。

ジョン：本当にご愁傷さまだね。ジョーに僕のお悔やみの言葉を伝
えておいてよ。

ビル：必ず伝えるよ。僕が君に会ったと知ったら、喜ぶと思うよ。
葬式に出席するのは何年かぶりで、何を言えばいいのか、何を
すればいいのか、わからないので不安なんだ。

メアリー：心配することはないですよ。わたしの母が数年前に亡く
なったんですが、お葬式に来てくれた人たちはとても親切で、
お悔やみとともに、身体を大切にするように言ってくれました。
それだけ言えばいいんです。周りの人がするようにしたらいい
んですよ。なんとかなります。

ジョン：ビル、君の電話番号を教えてくれないか？　後で電話する
から、お互いのつもる話をしたいと思うんだけど。

ビル：うん、これが番号だよ。

ジョン：ありがとう。必ず電話するよ。元気でね。

黒い服を着た女性が彼らに近づいてくる。

レイチェル・ウォールズ：こんにちは、ビル。遅れてごめんなさい。
長く待たせました？

ビル：いや、今来たところだよ。友人を紹介しよう。偶然会ったん
だよ。

お互い短い紹介を始め、終える。

メアリー: レイチェル、あなたのドレス、すてきですね。すごくエレガントで。どこで買ったんですか？

レイチェル: まあ、ありがとうございます。そんなにほめていただいて、ありがとう。このドレス、いろんな所へ着て行けるの。ディナー・パーティとか、お葬式にもね。

ビル: ねえ、もう行ったほうがいい。そうでないと、間に合わないかもしれない。

レイチェル: そうだわ。それじゃ、メアリーさん、ジョンさん、お会いできてよかった。

ジョン: こちらこそ。お会いできてよかった。レイチェルさん、またいつかお会いできたらと思います。

レイチェル: ええ、ありがとう。わたしもそう思います。

別れのあいさつを交わしたのち、メアリーとジョンは目的のコーヒーショップを探したが、見つからなかった。そのとき、突然、変な格好をした男が近づいてきて、「おれは文無しだ。25セント硬貨を何枚かくれないか」と言った。ジョンはこの男に「このあたりにコーヒーショップを知らないか」と尋ねた。男は「うん」と言ってコーヒーショップを指さしたが、それがまさしく二人が探していた店だった。ジョンは「どうも」と言った。ふつうの状況では、ジョンはこのような物乞いの男に金を与えはしなかったが、今回は25セントを渡した。

p.187 へ続く

SCENE 3

They walk into <u>the coffee shop</u>. (61) One of <u>the waiters</u> (62) points to <u>an empty table</u> (63) and says, "You can sit there." They ask for <u>a menu</u> (64). As they sit and look at <u>the menu</u> (65), a **busboy** *comes to <u>the table</u> (66) and asks: "You want sparkling water or tap water?" John says "We just want tap water. And we are ready to order." The busboy then gets a waiter, who comes to the table.*

Waiter: What'll it be?

John: Let's see, I will have <u>a ham and cheese sandwich</u> (67) on rye bread and coffee.

Waiter: What kind of cheese? You want lettuce? Toasted?

John: Not toasted. I want Swiss cheese, and lettuce, please.

Waiter: And <u>young lady</u> (68), what would you like?

Mary: I feel like <u>chocolate cake</u> (69). I'll just have that and coffee.

John: That's all?

Mary: That's plenty. I have <u>a sweet tooth</u> (70), so I would rather have cake than a sandwich.

The busboy brings two plates and <u>coffees</u> (71). While they are eating, a man at <u>the next table</u> (72) stands up and tries to go through <u>the narrow space</u> (73) between the tables. He bumps their table and a glass of water falls over on the table. <u>The water</u> (74) spills on Mary's dress. She immediately stands up.

Man: Oops! I am terribly sorry! Are you alright?

Mary: Oh. Don't worry. Just water. It will dry.

The man, not knowing what to do, walks away from the table with <u>an embarrassed look</u> (75) on his face.

John: Mary, Are you really sure you're OK?

Mary: I am OK. If it were red wine, it would have ruined my dress. But it is just water. No problem.

文脈の中で見る複数と冠詞

They quickly finish eating.

John: I guess we'd better go. Which waiter is our waiter? I don't see him.

Mary: I don't see him either.

John: I see him over there. <u>Check, please.</u>(76) (John mimics the signing of the check.)

<u>The waiter</u>(77) brings <u>the check</u>(78). John gives him his credit card. A few minutes later, the waiter brings back the check and his credit card. John adds <u>a tip</u>(79) to the cost of lunch and signs the check.

Mary: Now, how much do I owe you?

John: It was just cake and coffee. **It's on me.** Don't worry.

Mary: Well, Thank you. I have to run to my meeting. But first I have to use <u>the ladies' room</u>(80). Will you do me <u>a favor</u>(81) and watch my briefcase while I go?

John: Sure.

Mary: (To <u>a waiter</u>(82)) Can you tell me where your ladies' room is?

Waiter: It's down those stairs and straight back.

Mary: Thanks.

She goes and returns.

John: Speaking of <u>restrooms</u>(83), maybe I better go too. Will you watch my things while I'm gone?

Mary: Yes, sure, but don't be long. I've got to leave.

John: OK. I'll be fast. Where are <u>the restrooms</u>(84)?

Mary: <u>The ladies' room</u>(85) is downstairs, but I didn't see <u>the men's room</u>(86) down there. You better ask.

John: (To a waiter) Where is the men's room?

Waiter: Sure. It's over to your right in <u>the corner</u>(87).

John: Thanks.

He goes and comes back. And they stand up and leave the coffee shop.

Mary: Well, it was nice meeting you. Many thanks. I think I am going to grab <u>a taxi</u>(88). Otherwise I don't think I can make it, because this afternoon's session that I am going to is being held in <u>the university auditorium</u>(89), not at the hotel.

John: Yes, nice meeting you, too. I may seem persistent, but are you busy tonight? I wonder whether we can get together. We <u>patent lawyers</u>(90) have nothing scheduled for tonight.

Mary: I am sorry, but I have to attend <u>a dinner meeting</u>(91) for <u>participants</u>(92) of the conference who are <u>historians</u>(93). It is <u>an occasion</u>(94) for me to exchange <u>information</u>(95) and **what not** with other people.

John: Well, then, we can at least exchange our phone numbers. What do you say?

Mary: OK. I'll tell you what. Conference people always **talk shop**. So **the bottom line is** that tonight's conference dinner may be pretty boring**.** To make a long story short, let's play it by ear and maybe we could meet right after my dinner meeting ends and have <u>drinks</u>(96) together.

John: That would be great! I think it was inconsiderate of me to press you so hard to get together, but say, it may have <u>a good outcome</u>(97) after all.

Mary: I can't promise, but I'll call you if the meeting turns out not to be useful and it seems I can escape.

複数と冠詞の解説

（61）男が指した既出のコーヒーショップだから T 型。

（62）「その店の（ウェイターたち）」と〈限定〉されるから T 型。

（63）初出で、〈特定〉のものを指す A 型。

（64）〈不定〉のものを表す A 型。

（65）既出（64）のメニューを意味するから T 型。

（66）二人が座ったテーブルだから、〈限定〉されているので T 型。

（67）〈種類〉の A 型。

（68）呼びかけの言葉なので Z 型。

（69）物質名詞なので Z 型。

（70）have a sweet tooth で「甘いものが好き」という意味の慣用句。

（71）P 型なのは、ジョンとメアリーの 2 つのコーヒーだから。

（72）「二人が座っているテーブルの隣の」と〈限定〉されるので T 型。

（73）2 つのテーブルの間のスペースなので、どの空間か〈限定〉されるから T 型。

（74）コップに入っていた水とわかるから T 型。

（75）この A 型は、look（表情、顔つき、外観など）の 1 つの〈種類〉を表す。

（76）正式には The check, please. と T 型であるが、ほとんどの場合、省略され Z 型で使われる。

（77）二人のテーブルを担当しているウェイターなので、〈限定〉の T 型。

（78）二人のテーブルの伝票なので、〈限定〉の T 型。

（79）tip は加算。A 型の〈不定〉用法。

（80）一般的・総称的用法の T 型。正式には ladies' room であるが、近年では ladies room とアポストロフィが略される場合が多い。

（81）do〈人〉a favor で「〈人〉の頼みごとを聞き入れる」という意味。慣用句。

（82）A 型になっているので、先程伝票を持ってきたウェイターとは別のウェイターである。〈不定〉であることを表している。

(83) 一般的・総称的用法のP型。

(84) T・P型なのはこのコーヒーショップのトイレ全般を指すからである。

(85) メアリーが使ったトイレという意味でT型。なお、会話では、T型が総称的用法になるケースはほとんどない。

(86) この店のトイレという意味でT型。

(87) どの角かがわかっているから、〈限定〉のT型。どの角か不明な場合は当然A型となる。たとえば、When he was standing on a corner, waiting for a green light, a car hit him.（彼がある道の角に立って信号が青に変わるのを待っていたところ、車がぶつかってきた）というように。

(88) 〈不定〉のA型。

(89) ふつう、大学には講堂は1つしかないので、〈限定〉のT型。

(90) 総称的用法のP型。

(91) A型の〈特定〉用法。

(92) 総称的用法のP型。ofで〈限定〉されているので、T型にしたくなるが、そうすると、会議の参加者全員を意味するようになる。ここでは、全員が来るかどうかわからないので、T型になっていないのである。

(93) 総称的用法のP型。

(94) 〈種類〉を表すA型。for me to ... でどのようなoccasionか説明されている。

(95) この語はいつもZ型（A型では使えない）。

(96) 一般的・総称的用法のP型。

(97) 〈種類〉を表すA型

語句・表現の解説

busboy

コーヒーショップやダイナー、レストランなどでは、料理人を除けば、基本的に2種類のスタッフが客にサービスを提供する。ウェイター／ウェイトレスと「バスボーイ」と呼ばれる人たちである。前者は、料理の注文を聞き、テーブルでの会計を行う。レストランでの一般的な流れは、次のような感じである。客がテーブルにつくと、バスボーイがメニューを持ってきて、Would you like sparkling water or tap water?（炭酸水か水道水か、どちらをお持ちしましょうか）などと尋ねる。メニューを見終わったころを見計らって、今度はウェイター／ウェイトレスがやってきて、注文を取る。料理を運ぶのはバスボーイの役割である。食事が済んだ後伝票（check）をもらう必要があるが、これはそのテーブルを担当してくれたウェイター／ウェイトレスからしかもらえない。担当でない人に頼んでも、巧みに無視される。

What'll it be?

What will your order be? つまり What would you like? という意味である。

I feel like 〜.

文脈によって、意味が若干変わる。たとえば町中を歩いているときに、I feel like coffee. と言った場合は「コーヒーでも飲みたいね」という軽い感じである。もし喫茶店でこれを言えば、「わたしはコーヒーを注文したい」という意味である。

It's on me.

「わたしのおごり」という意味。スラングだが、悪い表現ではない。ときどき映画などで It's on the house. というせりふを聞くことがあ

るが、これは「店からのサービス」という意味である。ちなみに、レストランで料理に何か粗相があった際、Compliments of the chef. と言って、ウェイターがちょっとした小皿料理やワインなどを持ってくることがある。もちろん無料である。

what not

慣用句で「などなど、エトセトラ」の意味。

talk shop

専門的な話題について話をする、という意味である。次のようにも使えるので、覚えておくと便利。I hate to interrupt you, but do you mind if we talk shop?（お邪魔をしたくないのですが、仕事の話をしてもよいでしょうか）

the bottom line is 〜.

bottom line は元は会計用語で、損益計算書のいちばん下の行を指す。ということは、そこに書かれてある数字は、現在、いくら残っているのかを示すことになるので、そこから転じて、「結局のところ〜」、「結論は〜」という意味を表す。

会話の訳

彼らはコーヒーショップへ入った。ウェイターの一人がだれも座っていないテーブルを指して、「あそこへどうぞ」と言った。二人はメニューが欲しいと言った。テーブルについてメニューを見ていると、バスボーイがやって来て「炭酸水にしますか、それとも水道水ですか」と尋ねた。ジョンは「水道水だけください。すぐに料理を注文したい」と言った。バスボーイはウェイターを探し、ウェイターが彼らのテーブルにやって来た。

ウェイター：ご注文は？

ジョン：えーと、ハムとチーズのサンドイッチをお願いします、パンはライ麦で。それとコーヒーも。

ウェイター：チーズはどんなものにします？　レタスは？　パンはトーストにしますか。

ジョン：トーストにしないでください。スイスチーズで、レタスもお願いします。

ウェイター：お嬢さん、ご注文は？

メアリー：わたしはチョコレートケーキにしたいな。それとコーヒーだけ。

ジョン：それだけ？

メアリー：それで十分。甘いものが好きなの。サンドイッチよりケーキのほうがいいの。

先程のバスボーイが２枚の皿とコーヒーを２つ持ってきた。彼らが食事をしていると、隣のテーブルの男性が立ち上がり、テーブル間の狭いスペースを通り抜けようとした。そしてジョンたちのテーブルにぶつかり、水の入ったグラスがテーブルの上で倒れてしまった。水はメアリーの服の上にこぼれ、すぐに彼女は立ち上がった。

男：おっとっと、大変申し訳ありません。大丈夫ですか。

メアリー：ああ。大丈夫です。たんに水ですから、すぐに乾きます。

男性はどうしてよいのかわからず、ばつの悪そうな顔をしながら、テーブルから立ち去る。

ジョン：メアリー、ほんとに大丈夫？

メアリー：大丈夫。もしこれが赤ワインだったら、服は台無しになっていたと思う。でも、ただの水よ。問題ないわ。

彼らは急いで食べ終える。

ジョン：そろそろ行こう。どのウェイターがわれわれのウェイター
　　　だったかな。いないね。

メアリー：見当たらないわ。

ジョン：あそこにいる。伝票をお願いします（ジョンは両手を上に
　　　挙げて、伝票にサインするしぐさをする）。

担当のウェイターが伝票を持ってくる。ジョンが彼にクレジット
カードを渡す。数分後、ウェイターは伝票とカードを持って戻って
くる。ジョンはランチ代にチップ分を加えて、伝票にサインをする。

メアリー：わたしの分はいくらだったの？

ジョン：ケーキとコーヒーだけだから。僕のおごり。心配しないで。

メアリー：じゃあ、ありがとう。急いでミーティングに行かないと。
　　　でもその前にお化粧室に行きたいわ。すみませんが、わたしが
　　　いない間、このかばんを見ていてもらえますか？

ジョン：了解。

メアリー：（ウェイターに）お化粧室はどこでしょうか？

ウェイター：そこの階段を下りて、まっすぐ奥のほうです。

メアリー：ありがとう。

彼女が手洗いから帰ってくる。

ジョン：トイレといえば、僕も行ったほうがいいかも。席を外す間、
　　　僕の荷物を見ていてくれますか？

メアリー：もちろん。でも、早くしてね。もう出なくちゃならない
　　　ので。

ジョン：オーケー。急ぎます。手洗いはどこなの？

メアリー：女性用は下だったけれど、男性用は見なかったわ。だれ

文脈の中で見る複数と冠詞

かに尋ねたほうがいいわよ。

ジョン：（ウェイターに）トイレはどこですか？

ウェイター：はい。あなたの右側の角にあります。

ジョン：どうも。

彼が用を足して帰ってくる。二人は立ち上がり、コーヒーショップを出る。

メアリー：それじゃ、お会いできて楽しかったわ。どうもありがとう。わたしはタクシーを使います。そうしないと、会議に間に合いそうにないの。わたしが参加する今日の午後のセッションはホテルじゃなくて、大学の講堂で開かれるので。

ジョン：うん、僕もお会いできてよかった。しつこいかもしれないけど、今夜空いている時間はないの？　ご一緒できないかな。われわれ特許弁護士は、今夜は何も予定がないんだよ。

メアリー：ごめんなさいね。今夜は、会議に参加した歴史学者のためのディナー・ミーティングがあって、ほかの人たちと情報交換をしたりするチャンスなの。

ジョン：それじゃ、せめて電話番号でも交換しましょう。どうですか？

メアリー：オーケー。じゃ、こういうのはどう。会議に出る人たちというのは、専門的な話ばかりなの。だから、つまり何が言いたいかというと、今夜の集まりはかなり退屈なものになるかもしれないっていうこと。要するに、臨機応変に考えましょう。ディナー・ミーティングが終わってから、一緒に飲めるかもしれないわ。

ジョン：そうなったら、いいねえ。一緒に飲もうよと強く迫ったのは無神経だったと思うけれど、最終的にいい結果に終わるかもしれないな。

メアリー：約束はできないけれど、ミーティングがつまらなくて、抜け出せそうだったら電話します。

Chapter 7

単語別に見る
複数と冠詞

　最後に、日常よく使われる名詞を取り上げて、それらがＡ型、
Ｐ型、Ｔ型、Ｚ型のそれぞれで、どういうふうに使われている
のか吟味したい。取り上げた単語は、わたしが独断と偏見に基
づいて選んだものである。便宜上、アルファベット順に並べた
が、まとめて説明したほうがわかりやすいと思われる語につい
ては、そのかぎりではない。

asset

Japan should emphasize safety in the streets as an asset when it talks to tourists about the attractive aspects of visiting Japan.
（日本は、旅行者に対して日本を訪問することの魅力について説明する際、そ
の長所として街中の安全性を強調するべきである）

His assets include the fact that he is bilingual, and he is handsome.
（彼の長所は、バイリンガルであることとハンサムであることである）

　この単語は経済分野で使われることも多く、なんとなく抽象的な
響きがあるので、Ａ型で使われているのを見たとき、意外だった。
例文のように「長所、利点」という意味でもよく使われる。

change

A change in Japanese law has now made it possible for the children of Japanese women married to foreigners to have Japanese citizenship.
（日本の法律が変わったので、外国人と結婚した日本人女性の子どもたちは、
今や日本国籍を取得することが可能になった）

　「日本の法律」という文脈だから、「ある種の」を意味するＡ型。
これをＰ型にすると、いろいろな法律が変わったという意味になる。

A change in the water temperature caused the death of
oysters.
（水中の温度が変化したため、カキが死んでしまった）

　一般的な話でなく、「水中の温度」だから、〈種類〉を表すＡ型と
解釈できる。

**Yale University used to be a men's college. Now it is co-ed.
The signs of <u>the change</u> are everywhere.　T**

（エール大学は以前、男子校だったが、今や男女共学になった。この変化がも
たらした、あらゆる兆候はいたるところに見られる）

　the change のＴ型は「エール大学が共学になった」という変化を
指し、the signs がＴ型と同時にＰ型になっている（Ｔ・Ｐ型）のは、
of で〈限定〉されていることに加えて、その兆候が２つ以上だから
である。

　ふつう、このようにＴ・Ｐ型になると、「すべて」あるいは「目に
見えるかぎり」を意味するようになる。訳では「あらゆる」とした。
これを signs of the change と the のつかないＰ型にすると、「すべ
て」という意味がなくなり「その変化のいくつかの兆候」を意味す
るようになる。内容的にはこれがいちばん自然かもしれない。

　では、change を無冠詞のＺ型にするとどうなるだろうか。Ｚ型に
すると、特定の具体的な変化ではなく、変化という〈状態〉を意味
するので、文脈を考えると、１番目と２番目の文の順序を逆にしな
ければならない。

**(The) signs of change are everywhere. Yale University, for
example, used to be a men's college. Now it is co-ed.　Z**

（変化の兆候はいたるところに見られる。エール大学は、たとえば、以前は男
子校だったが、今や男女共学となった）

　今度は a sign of the change という形を考えてみたい。この表現は、
たとえば最初にあげた The signs of the change are everywhere. とい
う文に続くものとして、次のような形で使える。

...The signs of the change are everywhere. A sign of the change was the immediate decrease in weekend bus travel to nearby girl's colleges.

（…この変化がもたらした、あらゆる兆候はいたるところに見られる。その変化の１つの表れは、近くの女子大へのバス旅行が週末にただちに減少したことである）

　なお、この sign と change の組み合わせについては、このほかにも何通りかあるが、それは理論上あるいは文法上可能なだけであって、実際に使うにはあまりに不自然なものばかりである。

concern

　この語はよく新聞などでお目にかかる。Ｚ型、Ａ型、Ｐ型について、それぞれ例文をあげた。

Concern was expressed at the meeting about the deadline being too soon. **Z**

（締め切りが早すぎるとの懸念がその会合で表明された）

A concern is that he is too old for the job. **A**

（心配されることは、彼はこの仕事をするには年を取りすぎていることである）

I have several concerns about his health. **P**

（わたしは彼の健康に関していろいろ心配している）

　Ｚ型はあくまで一般的な内容を記述している。Ａ型は「年を取りすぎている」と、心配の内容が具体的であり、Ｐ型は心配することが１つだけでなく、「いろいろ」ある、ということを表している。

　英語は名詞表現の多い言語である。名詞が表れるたびに、複数や冠詞のことで悩まなければならない。参考までに、concern という名詞を使わずに表現すると、上記の文はそれぞれ次の形が考えられる。

People at the meeting were concerned about the deadline being too soon.

（会合に出席した人々は締め切りが早すぎるとの懸念を表明した）

I am concerned that he is too old for the job.

（わたしは、彼はこの仕事をするには年を取りすぎていることが心配だ）

I am concerned about his health.

（わたしは彼の健康を心配している）

cough

　病院で「咳があります」と症状を伝えるとき、cough を A 型と P 型のどちらで使うか迷うだろう。とくに咳が何回も出ていれば、〈回数〉が問題なのだから P 型が適当だろうと考えるかもしれないが、それでも正しくは A 型である。

I have a cough.

（わたしは咳があります）

　咳がひどい場合は、I am coughing a lot. と言えばよい。

culture

　この語は、A 型、P 型、T 型、Z 型のいずれでも使えるが、厳密に使い分けるとなるとかなり難しい。のちに取り上げる society と同じく、なんとなく抽象度が強いように感じられるため、とくに A 型と P 型が日本人には理解しにくいようだ。

　まず、最も一般的には Z 型が用いられる。

According to a sociologist friend of mine, there are more than 160 definitions of culture.

（社会学の専門家である友人によると、文化の定義は 160 以上あるという）

　次に A 型。

A culture that has no music is unthinkable.

（音楽を持たない文化は考えられない）

　「音楽を持たない」という that 節によって、どのような「文化」

かが示されているので、この A 型は〈種類〉を表すといえるが、これは〈不定〉を表すとの解釈も可能だろう。

It is said that there are two cultures **in Japan,** a Kanto culture, **and** a Kansai culture. **I object to this view because I can observe the existence of** many cultures **in Japan.**
（日本には、関東文化と関西文化の、２つの文化があるといわれている。わたしはこの見方に反対である。というのは、日本には多くの文化の存在が認められるからである）

　この A 型も〈種類〉を表している。そして P 型は、これらの〈種類〉を数えたものである。もう１つ P 型を紹介しておきたい。

Some cultures **have more effective means of coping with death than others.**
（文化の中には、死に対処する仕方としてより効果的な手段を持っているものと、そうでないものとがある）

　次に、A 型、P 型、Z 型の３つが可能なケースを見てみたい。

A culture **changes internally as well as externally.** ◀ A

Cultures **change internally as well as externally.** ◀ P

Culture **changes internally as well as externally.** ◀ Z

　とくに訳さなければならないほどの難しい文ではないが、A 型は「どんな文化でも」、P 型は「文化はどれも」というニュアンスをそれぞれ持っている。この２つを比べてみると、P 型のほうがより具体的で個別的という感じがするが、どうだろう。
　一方、Z 型は、社会学とか人類学などの専門家が文化の定義を論じるような場合にだけしか使われない。Z 型にすると、「文化という概念は」という感じになる。
　別の語を用いて、このわかりにくさについて見てみたい。

We can learn a language or languages, **but not** language.
（われわれは、ある１つの言葉あるいはいくつかの言葉を学べるが、言語というものは学べない）

　この例をあげたために、かえって混乱してしまった読者も多いかもしれないが、Ｚ型の language は、要するに、きわめて漠然とした、哲学者が考えているような「言語」、あるいは言語の〈概念〉を意味すると考えてほしい。
　最後にＴ型をあげておきたいが、これは単純に指示代名詞的な用法があるだけである。

I went to Japan and found that the culture **there is much older than that of the U.S.A.**
（日本へ行って、その文化がアメリカよりはるかに古いことを知りました）

experience
　まずはＰ型から。

He had both wonderful and terrible experiences **when he lived in Texas.**
（彼はテキサスに住んでいる間、素晴らしいことも不愉快なことも含め、いろいろな経験をした）

　次はＡ型。

I had an experience **in Hawaii that I want to tell you about.**
（わたしはハワイである経験をしたが、それについてぜひ話したい）

　話し手はその内容を知っている〈特定〉のＡ型である。
　以下のＺ型はすべて、一般的で漠然とした経験を指している。

I have experience **doing research.**
（研究者としての経験があります）

I have experience **teaching.**

（教育者としての経験があります）

I have experience **editing.**

（編集者としての経験があります）

I have experience **living abroad.**

（外国生活の経験があります）

　これらの表現は、たとえば、就職の面接で使える。なお、experiences と P 型にもできる。その場合は「いろいろな経験」という意味になる。

fish

　この語は、物質名詞か集合名詞か？　それは、この語が使われる文脈に依存する。アメリカでは、健康志向の高まりを背景として、大都会を中心に魚料理を出すレストランが増えている。しかし、現在でも尾頭付きの魚料理はまれで、ほとんどが切り身料理である。

　こういう事情もあって、fish は chicken や meat と同様、物質名詞と見なされ、単数扱いである。日常的には、Z 型で使うのがよい。two fishes と複数にすることはまれである。切り身でなく魚それ自体を意味するという文脈でも、trout（マス）は two trout、sardine（イワシ）は two sardines、というふうに、P 型にできるものとそうでないものがある。鯉の carp などは P 型にできるだろうと思っていると、carps という複数表現は不自然だとアメリカ人から言われた。

frustration

　あることをしたいのだが、まわりの状況が許さないためにそれができない状態を意味し、「欲求不満」とか「挫折感」などの訳語が当てられている。この訳語が抽象的なイメージを与えるので、Z 型で使われることが多いと思いがちだが、それぞれの型で使える。アメリカ人はこの言葉をよく使う。まず、P 型と Z 型の例をあげる。

I had endless frustrations in my last job. **P**

（前の職場では、わたしはたえず、いろいろな欲求不満に見舞われた）

I had endless frustration in my last job. **Z**

（前の職場では、わたしはたえず欲求不満の状態にあった）

　Ｐ型は個別的・具体的事象の数を数えている。Ｚ型は一般的な〈状態〉を表す。次にＡ型の例。

Inability to speak the language of a country one is visiting creates a frustration <u>that can spoil the trip</u>. **A**

（訪問した国の言葉が話せないと、その旅行を台無しにしてしまうようなイライラ状態になる）

　このＡ型は〈種類〉を表していると解せるだろう。関係代名詞の that 節が frustration の種類を決めているといえる。that 以下をなくせば、この語はＺ型になる。

habit

The habit <u>of biting my nails</u> was the hardest to break.

（自分の爪をかむ癖は直すのが最も難しかった）

I have bad habits such as smoking, drinking too much, and oversleeping.

（わたしには、喫煙、深酒、寝坊といった悪い習慣がある）

It is not good to make a habit of sleeping late.

（遅くまで寝る習慣をつけるのはよくない）

　最初の例のＴ型は of 以下の修飾語句で限定されているから、と考えられる。同じ of で始まる修飾語句が付いているのに、最後の habit がＡ型になっているのは、make a habit of で慣用句を成しているからである。これはＴ型にすることはできない。

　なお、habit はＺ型では使えない。

help

I need help.
（助けが欲しい）

　Ｚ型は〈概念〉を表し、漠然としており、どんな助けが必要なのかはわからない。
　これに対してＡ型は、具体的な印象を与える。

His advice was a help.
（彼の忠告は役立った）

What you did is a help.
（あなたがやったことは役立っている）

　しかし、最初の文 I need help. はＡ型にできない。
　また、多くの名詞は、Ａ型が可能であればＰ型も可能となるが、help はＰ型にできないので、厄介である。

history

I am going to publish a book entitled "A History of Japan."
（『日本史』と題された書籍を出版します）

I am going to publish a book entitled "A Concise History of Japan."
（『簡明日本史』と題された書籍を出版します）

　通常、「〜史」という書物のタイトルはＡ型にする。ときには不定冠詞が省略されることがあるが、正式にはＡ型にしたほうがよい。
　"The History of Japan" なら「唯一無二の日本史」のような意味になるが、そのような歴史書を書くことはできないので、Ｔ型にすることはまずない。ただし、形容詞が付くと、たとえば、"The Cambridge History of Japan" のようにすると、「ケンブリッジ大学による日本史」という意味になり、〈限定〉されるので、Ｔ型が可能である。

次に P 型の例。

Histories of music tend to be incomplete or genre focused.
（音楽に関してさまざまな歴史書があるが、それらは不十分か、または分野別に特化したものとなりがちである）

これに対して、次の文ではなぜ T 型なのか？

The histories of Japan written by Japanese are quite different from those written by Chinese or Koreans.
（日本人が著した日本史は、中国人あるいは韓国人のものとまったく別物である）

これが T 型になっているのは、histories が of 以下で修飾されていることによって〈限定〉されているからである。

I know he has a history of heart trouble.
（わたしは、彼には心臓病の既往歴があるのを知っている）

history は of で〈限定〉されているので、the history と T 型にしたくなるが、できない。of 〜による〈限定〉が不十分という説明もできるが、have a history of 〜は慣用句と考えたほうが納得しやすいかもしれない。

Some people think that history consists of a series of events of human activities.
（ある人たちの考えによると、歴史とは、人間活動における、いろいろな出来事を並べたものだという）

この Z 型は、「歴史というのは」と、一般的・概念的な記述として使われている。

hope

　一般的にいって、日常的によく使われる言葉であればあるほど、使い方が難しいようである。hope も例外ではない。

I still have hope that I will win. ‹Z›

I still have hopes that I will win. ‹P›

（わたしにはまだ、自分が勝つだろうという望みがある）

　この2つは、

I still hope that I will win.

と同じで、しかも両方とも同じ意味。「何がしかの望み」という感じである。ただ、強いていえば、P型には、いろいろな理由を列挙できるというニュアンスがある。また、that で修飾されているので、A型とか T 型にしたいような感じに襲われるだろうが、そうすると文が不自然になる。ここでは Z 型と P 型だけが可能。

　次の例では、Z 型だけが可能である。具体性がなく、漠然としている。

We thanked him for giving people hope.

（われわれは、彼が人々に希望を与えたことに感謝した）

　そして次の例は、非常に厄介である。動詞との組み合わせに注意してほしい。

The discovery of a new drug <u>gave</u> hope that the disease is after all conquerable. ‹Z›

The discovery of a new drug <u>raises</u> hopes that the disease is after all conquerable. ‹P›

　give には Z 型の hope、raise には P 型の hopes の組み合わせしかない。そして、両者の意味には微妙な違いがある。Z 型の場合、新しい薬の発見によって、その病気も結局のところ克服できるのだと

いう「希望が生まれた」、P型の場合は、「(〜という)期待が一人ひとりの胸の中に生じた」となる。

A hope that I had when I was young to become a doctor vanished gradually.
(若いころの医者になりたいという希望は、徐々に消えた)

　このA型は、いろいろあった希望のうちの1つを意味する。T型にもできるが、そうすると、その希望だけに夢中になっていたという意味になる。

I had a vague hope that he might visit me, but he never did.
(彼がわたしの家を訪問してくれるかもしれないというかすかな望みがあったが、彼は来なかった)

　このA型は〈種類〉を表している。こういう例を見ると、hope も形容詞を付けると一律にA型になると思うかもしれないが、A型で使えるケースは少ない。

job

He does not like the job he has. So he is looking for **a new job**. **Jobs** are hard to find.
(彼は現在の仕事が好きではない。だから新しい仕事を探しているが、仕事は簡単には見つからない)

　この語はZ型で使えないので、〈一般〉を表現するにはP型を使う。最初のT型は、「彼が現在就いている仕事」という〈限定〉の意味。次のA型は、〈種類〉、〈総称〉のどちらの解釈も可能だろう。

inflation

After the first oil crisis of 1973, many countries suffered from (an) inflation.

　Z 型と A 型が可能である。Z 型は一般的な〈状態〉、A 型は〈出来事〉を意味するが、訳し分けるとなると、案外大変である。

　Z 型は「1973 年の第 1 次オイル・ショックの後、多くの国がインフレに悩まされた」と訳せ、A 型は「1973 年の第 1 次オイル・ショックの後、インフレが起こり、多くの国がそれに悩まされた」というふうな感じになる。意味は結局のところ同じなのであるが、A 型には台風の襲来のようなニュアンスがある。

Japan had an inflation right after World War II.
（第 2 次世界大戦直後、日本ではインフレが起こった）

　この例においても Z 型は可能である。しかし、A 型のほうが自然な感じを与える。その理由は、第 2 次世界大戦直後のインフレは 1 つの〈出来事〉というふうに捉えられるからである。

Japanese

I am Japanese. **Z**
（わたしは日本人です）

I am a Japanese. **A**
（わたしは日本国籍を持っています）

　2 つ目の文の訳はちょっとおおげさだが、Z 型が人種的あるいは文化的な事柄を意味するに対して、A 型は国籍の有無を意味する。アメリカ人の場合も同じであるが、人種的には多様なので、人種的な面でなく、文化的な面と国籍に関する事柄と解したほうがよい。

They are Japanese.
（彼らは日本人です）

　複数の場合は、「日本人」はこのように Z 型で使う。フランス人（French）、中国人（Chinese）も同様に Z 型であるが、アメリカ人はAmericans、ドイツ人は Germans、韓国人は Koreans と P 型になる。

manner

　「マナーが良い／悪い」と言う場合、P 型で使う。「テーブルマナー」も table manners である。

He had good manners at the table. ◀ **P**

（彼は食事をするときの正しい礼儀を身につけている）

　単数だと、次のように「態度」とか「様子」という意味になる。

I don't like his manner. ◀ **Z**

（わたしは、彼の態度が気に食わない）

　1 つの文の中に複数と単数を使った例を紹介しておきたい。

His manners were perfect, but his manner was arrogant.

（彼のエチケットは完全だが、態度は傲慢だ）

marriage

　この語は A 型、P 型、Z 型で使える。A 型は〈種類〉を表す。

An old friend of mine married last week. It was a sudden marriage. I was quite surprised.

（わたしの古い友人が先週、結婚した。突然の結婚でびっくりした）

In many countries most marriages are arranged marriages.

（多くの国においてほとんどの結婚は、前もって取り決められた結婚である）

Marriage and divorce should not be considered as one set.

（結婚と離婚は 1 つのセットと考えられるべきでない）

単語別に見る複数と冠詞

なお、divorce（離婚）にも同じく 3 つの型がある。

medicine

　この語は drug と混同されやすい。一般的にいうと、medicine は非常に広い意味で「薬」または「医学」を、それに対して drug は医者の処方箋が必要なレベルの薬を意味する。drug は P 型にすると「麻薬」を指すことが多い。

Do you have (a/some) **medicine for a cold?**
（何か風邪薬はありますか？）

That doctor was prescribing medicines **illegally.**
（あの医者は、違法にいろいろな薬を処方していた）

I don't know anything about medicine.
（わたしは医学のことは何も知らない）

Did you take medicine **for your cold?**
（あなたは、風邪の薬は飲みましたか）

　A 型，P 型、Z 型を紹介した。Z 型については、2 つの訳が可能となり、1 つは「医学」を意味し、もう 1 つは一般的な「薬」を意味する。なお、drug は、Z 型は使えないが、A 型は可能である。

They are doing research to develop a drug **to cure lung cancer.**
（彼らは肺がんを治すための薬の研究開発を行っている）

music

　この語はたえず Z 型で使う。しかし、symphony/string quartet/piano concert/piano sonata/musical などはすべて A 型で使う。opera は A 型でも Z 型でも使える。

odds

この語は odd という語の P 型ではなく、これ自体が Z 型で「可能性、勝ち目」という意味である。

Odds are that he will come to the party tomorrow.
（明日彼はパーティに来るだろう）

この odds を chances で置き換えても意味はまったく同じである。もう 1 つ。

The odds are 3 to 1 that he will come to the party.
（彼がパーティに来る確率は 3 分の 1 である）

この文は Z 型でも意味は同じであるが、述部が「3 対 1」というように明確な数字なので、T 型のほうが自然である。

opinion

この語の意味はだれでも知っているだろうが、使い方となるとそうでもない。「意見」という意味で使われるときは、ふつう A 型か P 型をとる。

I have an opinion on the subject of nuclear power. -A
（わたしは原子力の問題について意見を持っている）

こういったケースでは、「賛成か反対か」の意味で使われることが多い。

I have opinions about education. -P
（教育についてわたしはいろいろな意見を持っている）

この文では、話し手は「いろいろな意見」の中に、学校制度、教師、教育内容に関する考えなどを含ませている。

Z 型には、「意見」というより、「考え方」とか「態度」という訳語をあてるほうがよい。

単語別に見る複数と冠詞

Opinion **differs among people on the subject of nuclear power.** ‑Z

（原子力に対する考え方は人々の間で異なる）

pain

　この語については、Chapter 2 で A 型と Z 型の違いを述べた（p.64）が、P 型の pains はどうだろう。ある辞書には、陣痛などの場合に使う、と書いてある。陣痛は痛みが繰り返し襲ってくるので、〈回数〉を表す P 型の典型的な例となったのかもしれないが、陣痛以外でも、痛みの〈回数〉が問題になるときに使われる。

He has been complaining about chest pains.

（彼は何回も胸の痛みがあったことを訴えている）

　また、次のような使い方もあるので、頭のどこかに置いておいてほしい。

She is always talking about her aches and pains.

（彼女はいつも身体のふしぶしが痛むと言っている）

The patient had experienced pains **in his hip.**

（その患者は、股関節を動かすたびに、いろいろな痛みを感じた）

policy

　ふつう「政策」と訳され、A 型、P 型、T 型、Z 型のいずれの型でも使われる。そのため使い方の難しい言葉である。また、policy makers（政策立案者）のように形容詞的にもよく使われる。

　まず、Z 型は一般的なことを意味する。

The government of the United States of America does not view policy as something to be made by the people directly. Policy is thought to be something made by the elected representatives of the people.

（アメリカ合衆国政府は、政策というものは直接国民によって作られるとは見なしていない。政策というものは国民が選挙によって選んだ議員によって作られるものと考えている）

次に A 型の例。

President Smith faced severe difficulty when he tried to implement a policy on imports and exports.

（スミス大統領は、輸出入に関する政策を実行に移そうとしたとき、厳しい困難に直面した）

2 番目の例では P 型も可能である。P 型にすると、「いろいろな」という意味が入ってくる。

次に A 型と P 型の両方が可能な例。

That county does not have a policy on military matters.

That county does not have policies on military matters.

（その国は軍事政策を持っていない）

どちらも総称的用法と見なせるだろう。T 型にならないのは、〈限定〉の度合いが不十分であるからである。of を用いて〈限定〉を強くすると、T 型にする必要がある。

The policy of having only one trash can in each station is very inconvenient for passengers.

（電車の各駅にゴミ箱を 1 つしか設置しないという政策は、乗客にとって非常に不便である）

なお、policy には、「政策」とか「方針」など以外に、「保険証書」というまったく別の意味もあるので気をつけてほしい。

portrait

　これは使い方が難しいから取り上げるのではない。それぞれの型を理解する際に、その典型としてこの語が役立つと思われるので、紹介したい。

In what follows I will offer portraits of three scientists who have changed the course of human history.
（以下でわたしは、人類の歴史を変えた 3 人の科学者の人物描写を行ってみたい）

　portraits と P 型になっているのは、科学者像が複数だからであるが、of で〈限定〉されているのに、なぜ T 型でないのだろうか。その理由は、T 型にすると、「知りうるかぎりの」あるいは「完璧な」という意味が加わってくるからである。もし、十分な調査・研究を行ってあらゆる角度から分析したうえでの「人物描写」であるならば、T 型が使えるが、ふつうは A 型か P 型である。

　次に A 型。

In what follows I will offer a portrait of a scientist who was influential in the 20th century.
（以下でわたしは、20 世紀に大きな影響力を持った一人の科学者の人物描写を行ってみたい）

preparation

　これも前述の portrait と同じ意図で取り上げた。まず、次の 3 つの例文を読んでほしい。

Preparations for the summit meeting are under way. P
（その首脳会談のためのいろいろな準備が進行中である）

The preparations for the summit meeting are now complete. T・P
（その首脳会談のための準備はすべて完了した）

Preparation for a summit meeting is enormously complex. Z
（首脳会談のための準備というものは恐ろしく複雑である）

P 型は今までに説明してきたのと同じで、「いろいろな」という意味。T（・P）型になった 2 番目の文は、「可能なかぎりの」あるいは「すべて」という意味が加わってくる。

これらに対して、Z 型は概念的なものである。この Z 型の例文において a summit meeting が A 型になっていることにも注意してほしい。Preparation が Z 型なので、これに合わせて、summit meeting も〈不定〉の A 型になっているのである。1 つ目の文の Preparations、2 つ目の The preparations は概念的でなく、現実のものを指しているから、summit meeting が T 型になっている。

もう 1 つ、Z 型と P 型がいずれも可能な例をあげておきたい。

After two years of preparation(s), he opened his new bookstore in the center of the city.
(2 年間の準備ののちに、彼は町の中心地に新しく本屋をオープンした)

Z 型も P 型も両方とも意味はほぼ同じだが、これもした、あれもしたというふうに準備の〈種類〉が多くなればなるほど、P 型のほうが自然な響きを持ってくるようだ。

price

ふつう、「値段」とか「価格」とか訳され、使い方はとくに難しい言葉ではないが、日常生活でひんぱんに使うので、いろいろな使い方を知っておくと便利である。おもに A 型、P 型、T 型で使い、Z 型は珍しい。

最も一般的なものは P 型で、次のように使う。

Prices have gone up so high now I can't afford to buy anything.
(今はいろいろなものの値段が上がりすぎて、何も買うことができない)

A 型にも T 型にも特殊な用法はない。たとえば、

The price listed here is too high. Can't you give me a better price?

（ここに表示されている値段は高すぎます。もう少し安い値段にできませんか）

　この例で、最初の price が T 型なのは listed here で〈限定〉されているからである。しかし、後の price は A 型である。その理由は、話し手も聞き手もどちらもどんな値段になるのか、現時点で不明であるからとも説明できるし（〈不定〉の A 型）、また値段の〈種類〉、つまり「もう少し安い」ということを表しているともいえる。

　この点をはっきりさせるために、もう 1 つ、〈不定〉の A 型の例をあげておこう。

I would like to sell this ring. If you are interested in buying it, can you give me a price?

（この指輪を売りたいと思います。もし買ってもよいということでしたら、値段を付けてもらえませんか）

　特定の指輪の値段について話しているのだから、T 型にするべきと思うかもしれないが、値段がいくらになるか不明の段階では T 型にできない。次は、P 型のちょっと変わった例である。

Thanks to a decline in oil prices, it seems that we will be enjoying a period where the prices of goods are fairly stable.

（石油の値段が下がったおかげで、われわれは物価が比較的安定する時期を享受できそうだ）

　この文で、the prices と P・T 型になっているのは、of goods（いろいろな物）で〈限定〉されているからである。また、おやっ、と思われるのは oil prices の P 型ではなかろうか。これは、石油にはいろいろな〈種類〉があり、それぞれに価格が設定されているからである。このような P 型の例は多い。

　以上の例は金銭的な内容が中心であったが、この語は次のように比喩的にも使える。

There is a price **to pay for violence.**

（暴力には代償があるものだ）

　このＡ型は〈不定〉とも〈特定〉とも解釈できるが、ポイントは、Ｚ型にはならないという点である。

reality

He has lost contact with reality. **Z**

（彼は現実世界とは別の世界の住人となってしまった）

The reality is our bank account is empty. **T**

（実を言うと、われわれの銀行口座は空っぽである）

　Ｚ型は、概念的・一般的な「現実」を表している。

　一方Ｔ型は、具体的な「現実」を示している。「実際のところは」とも訳せるだろう。そして、それと同じ考え方で、この語はＡ型でもＰ型でも使える。

Her dream of going to America to study became a reality.

（アメリカへ行って勉強するという彼女の夢は今や現実となった）

You should become aware of a few realities **around this office.**

（あなたは、このオフィスの中で実際に何が起こっているのかということに気づくべきでしょう）

　１つ目の文はＺ型も可能だが、そうすると、詩的なニュアンスが強くなる。

reason

　これは、意味によって冠詞の使い方が変わる語の１つである。たとえば、「理由」という意味で使うと、Ｚ型以外すべての型が可能である。

He gave me a reason why he was going to retire. ◀ Ａ
（彼はなぜ自分が引退するのか、ある１つの理由をわたしに説明した）

He gave me reasons why he was going to retire. ◀ Ｐ
（彼はなぜ自分が引退するのか、いろいろな理由をわたしに説明した）

He gave me the reason why he was going to retire. ◀ Ｔ
（彼はなぜ自分が引退するのか、その理由をわたしに説明した）

He gave me the reasons why he was going to retire. ◀ Ｔ・Ｐ
（彼はなぜ自分が引退するのか、すべての理由をわたしに説明した）

　Ｚ型の場合は、「理性」という意味になる。

When the airplane was hijacked, the pilot tried to appeal to reason, but the hijackers would not listen.
（その飛行機がハイジャックされたとき、パイロットはハイジャッカーたちの理性に訴えようと努めたが、彼らは耳を貸そうとしなかった）

He gave me reason to believe that he was going to retire soon.
（彼はわたしに、まもなく引退するだろうとの印象を与えた）

　２つ目の例は慣用句と言ってもよく、to give someone reason to believe that 〜で「〜という印象を与える」、「〜という考えを抱かせる」という意味でよく使われる。

relationship

　Ｚ型以外のすべての型が可能である。Ａ型は「ある種の」という
意味。

He finally disclosed a relationship that he had with a CIA agent. -Ⓐ

（彼はついに、CIA のエージェントとの、ある関係について暴露した）

He finally disclosed relationships that he had with CIA agents. -Ⓟ

（彼はついに、何人かの CIA のエージェントと関係があったことを暴露した）

He finally disclosed the relationship that he had with a CIA agent. -Ⓣ

（彼はついに、CIA のエージェントと関係があったことを暴露した）

rumor

　この言葉にはなんとなくつかみどころがないイメージがあるので、
Ｚ型が最も一般的だろうと思うかもしれないが、Ｚ型は慣用句で使
われるだけで、ふつうはＡ型で使われる。

There is a rumor that he is going to Africa.

（彼がアフリカへ行くといううわさがある）

　次の Rumor has it that 〜は「うわさでは〜らしい」という意味の
慣用句である。

Rumor has it that he is going to Africa.

（うわさによると、彼はアフリカへ行くらしい）

　ここで Rumors と Ｐ型にもできるが、意味は同じである。

単語別に見る複数と冠詞

salad

　この語は、カタカナ語になっているので、英語でも同じような感覚で使ってしまいそうだが、A 型と Z 型とでは意味が異なる。まず、Z 型から。

I had salad for lunch. **Z**
（ランチにサラダを食べた）

　この Z 型の salad は「野菜類」を意味する。つまり、肉でも魚でもなく、野菜を食した、という意味である。

I had a salad for lunch. **A**
（ランチにサラダを食べた）

There were three salads on the menu.
（メニューにサラダ料理が 3 品載っていた）

　この場合の salad は、メニューに載っている「サラダ料理」の 1品を意味する。たとえば、「ミックス・グリーンズ」とか「シーザー・サラダ」とかメニューに載っている料理名である。

silence

　この種の抽象名詞は Z 型でしか使えないと思っている人が多いかもしれないが、A 型でも P 型でも使える。A 型から説明したい。

The Pope appeared on the balcony before cheering crowds and then there was a brief silence before he began to speak.
（歓声を上げる群衆の前に教皇がバルコニーに姿を見せた。そして彼が話し始める前の一瞬、あたりは静まりかえった）

　形容詞の存在によって〈種類〉を表していることがわかる。この語は、形容詞を付けるか、後ろに修飾句あるいは節を付けないと、A 型にできない。形容詞を付けない "a silence" という表現は不自然な響きを与える。

次はＰ型。

His speech was filled with many uncomfortable silences,
during which he seemed to lose track of his thoughts.
（彼は講演中、不自然に何度も黙り込んでしまい、その間、自分が何を言いた
いのかわからなくなってしまったようだった）

最後はＺ型。

Silence is disturbing to some people. They need to have some
kind of ambient noise in order to sleep.
（ある人たちにとっては、静けさは厄介なものである。眠りに落ちるために彼
らは、周囲に何らかの音があることを必要としている）

society

この語は使い方が culture に似ているので、そちらも見てほしい。
最も一般的なのはＺ型である。

Disease strikes men and woman alike on all levels of society.
（病気は、社会のすべてのレベルにおいて、男性にも女性にも同じように襲い
かかる）

The relationship between science and society is a puzzle that
continues to interest scholars.
（科学と社会の関係は、学者たちに興味を抱かせ続ける問題である）

次にＡ型。

When Russia was the Soviet Union (USSR), it was not an open
society, hence it was extremely difficult to obtain information
about anything.
（ロシアがソ連であったころ、開かれた社会でなかったので、何事に関しても
情報を得るということが非常に難しかった）

Having become a policewoman in a society where violent crimes are now a common occurrence, she must be especially cautious.
（彼女は、凶悪犯罪が日常茶飯事となってしまった社会で女性警察官になったので、いつも細心の注意を払っていなければならない）

　これらのＡ型はいずれも〈種類〉を表している。そして、Ｐ型。

Anthropologists used to study just primitive societies, but today they study societies at all levels of development.
（かつて人類学者は、未開状態にあるいろいろな社会だけを研究していたが、今日ではあらゆる発展段階にある社会を研究している）

　さて、Ａ型とＰ型の相違であるが、基本的には culture のところで説明したことと同じである。もう一度説明しておこう。

A society in which family structure is based on Confucianism is usually very puritanical. Ⓐ

Societies in which family structure is based on Confucianism are usually very puritanical. Ⓟ
（家族構造が儒教に根ざしている社会は、通常、非常に厳格である）

　訳し分けるとすれば、Ａ型は「家族構造が儒教に根ざしている社会は、どんな社会でも〜」、それに対してＰ型は「家族構造が儒教に根ざしている社会は、どの社会でも〜」とすることができるが、最終的には同じ意味である。
　一方、Ｔ型は culture と同じように、指示代名詞的な用法しかない。
　なお、society には、「社会」以外に「社交界」という意味もあるので注意しておきたい。一般的に使う場合はＺ型にする。

She was introduced to society at the age of 16.
（彼女は 16 歳のとき、社交界にデビューした）

sound

この語については、Chapter 1 と Chapter 5 でも少しずつふれた。あらためてまとめておこう。まず、Z 型から。きわめて概念的、一般的である。

Sound is an essential element in the performing arts.
（音というものは、舞台芸術において本質的な要素である）

Cats are sensitive to sound.
（猫は、音というものに対して敏感である）

2 つ目の例は P 型も可能である。

Cats are sensitive to sounds.
（猫は、いろいろな音に対して敏感である）

A 型は Z 型の「音というもの」より、具体的な感じがする。

When I entered the church, I could not hear a sound.
（教会の中に入ったとき、音は 1 つも聞こえなかった）

I hear a sound. What is it?—It is the sound of someone at the door.
（何か音が聞こえた。あれは何の音？──だれかが玄関にいる音です）

success

抽象的な感じがして、Z 型しかで使えないと考えがちだが、A 型も P 型も可能である。

I don't care about success.
（わたしは出世ということに関心がない）

His novel was a success.
（彼の小説はヒットした）

His life is filled with successes.
（彼の人生はいろいろな成功に満ちている）

surgery

「手術」を意味する語には、ほかに operation もある。surgery という語には科学的なニュアンスがあるが、operation にはそういうニュアンスはない。

He had surgery yesterday to correct his eyesight.
（彼は昨日、視力を矯正するための手術を受けた）

Surgery using a laser succeeds very well.
（レーザーを使った手術は非常にうまくいっている）

surgery はふつう Z 型で使うが、ときに P 型で使うこともある。

He had three surgeries last year.
（彼は昨年、手術を3回受けた）

一方、operation は A 型と P 型が使える。

He had an operation yesterday to correct his eyesight.
（彼は昨日、視力を矯正するための手術を受けた）

Operations using a laser are increasing these days.
（レーザーを使った手術は昨今、増加しつつある）

talent

Talent does not emerge until one is four or five years old. Z

Talents do not emerge until one is five or six years old. P

Z 型と P 型の例文を示したが、最初の文は「才能というものは、4〜5 歳にならないと出てこない」、次の文は「いろいろな才能は5〜6 歳にならないと出てこない」という訳になる。前者は「才能というもの一般」、後者はたとえば芸術や数学などに関する「具体的な才能」を想起させる。微妙なニュアンスの違いがある。

We don't know whether a talent for music is hereditary or not.

We don't know whether the talent for music is hereditary or not.

（われわれは、音楽的才能が遺伝的なものかどうか知らない）

　このＡ型とＴ型の差は、ネイティブ・スピーカーの間でも意見が分かれるほど微妙である。

telephone

　Chapter 3でこの語を例にあげてＴ型の一般的・総称的用法について説明したが、大変わかりにくいので、もう数例、紹介しておきたい。

The telephone (the cell phone) is indispensable in modern society. **T**

Telephones (cell phones) are indispensable in modern society. **P**

（電話〔携帯電話〕は現代社会において欠くことのできないものである）

　両方とも総称の用法である。訳文は１つしか出さなかったが、ニュアンスの差は次のようになる。まず、Ｔ型は説明文などに用いられ、硬いアカデミック（論文や専門書的）な表現である。たとえば、現代社会に関する講義などで耳にするかもしれない。Ｐ型は日常レベルの表現である。このような意味では、Ａ型はほとんど使われない。

　Ｔ型は、日常会話では指示代名詞的な使い方（文脈から、どの電話かがわかる場合）が多い。

May I use the telephone?

（あの電話を貸してください）

　次の例でも、どの電話のことを言っているのか、話し手と聞き手の間で了解が取れている。前提となる状況がない場合は、ふつう「わたしの」を意味する。

In case the telephone breaks down, whom should I contact?
（電話が故障した場合、だれに連絡すればよいのですか）

(The) pay phones have disappeared from Shinjuku Station.
（公衆電話は新宿駅から消えてしまった）

television

　日常ひんぱんにお目にかかる語で、とくにどうこう言わなければならないようなものではないかもしれないが、次の文をよく見てほしい。

I would rather listen to the radio than watch television.
（わたしはテレビを見るよりラジオを聴きたい）

　radio がＴ型であるのに対して、television はＺ型になっていることにお気づきだろうか。この違いは、たとえば、ラジオが先に普及して、その後、テレビが登場したというような、歴史的経緯と関係があると思われるが、なぜラジオはＴ型でテレビはＺ型なのか、その理由はまったく不明である。われわれにとっては、慣用句として記憶するより仕方ないようだ。

thought

　この語に「思想」という訳語を思いつく人も多いのではないだろうか。ところが、アメリカではそういう意味ではあまり使われないようだ。たとえば「サルトルの思想」と言うときは、Sartre's thought よりも Sartre's philosophy のほうがふつうである。
　thought は、Ｐ型で具体的な「考え、思い」という意味になる。

What are your thoughts on the subject of reforming Japanese kanji?
（日本語の漢字を改革することについて、あなたはどういう意見をお持ちですか）

Thoughts kept occurring to him and so he could not sleep.
（彼はいろいろな考えが浮かび、眠りにつくことができなかった）

His thoughts always turn to his hometown.
（彼の思いはたえず故郷へ向かう）

　複数なので、「いろいろな」という意味が含まれている。
Ａ型は、慣用句以外にはあまり使われないようだ。

He has never given a thought to his roommate's suffering.
（彼はルームメイトの悩みについて考えたことがなかった）

I just had a thought. Let's invite Mary to the party tonight.
（今、思いついたのだけれど、メアリーを今夜のパーティに呼ぼう）

　１つは "give a thought to"、もう１つは "have a thought" と、動詞が異なることに注意してほしい。

time

　まず、一般的な「時間」の意味ではＺ型で使う。

What time is it?
（何時ですか）

I am killing time.
（今わたしは時間をつぶしています）

　「時代」という意味の場合はＡ型で用いられる。比較的よくお目にかかるのは a time when 〜（〜という時代）という表現である。

It was a time when you could still see Japanese women wearing monpe in the streets of Tokyo.
（それは、東京都内で日本女性がモンペをはいているのをまだ見ることができるような時代であった）

　ちなみに、「モンペ」というのは、第２次世界大戦中に使われた、女性用のだぶだぶのズボンのこと。at a time when 〜という表現を

よく見かけるので、あわせて覚えておいてほしい。

At a time when everyone else is using electricity, he is still using charcoal.
（だれもかれもが電気を使うという時代に、彼はまだ木炭を使っている）

　Ａ型ではさらに、次のような例がある。

I have not seen you for a long time.
（久しぶりですね）

This is not a time to complain about the problem. It is a time to do something about it.
（今は、この問題について不平を言うときでなく、これについて何かをするべきときだ）

I am having a difficult time making business appointments during Golden week.
（ゴールデンウィークの間、仕事の約束を入れるのに苦労している）

　以上の例から考えると、time のＡ型は、ある一定の長さの時間（つまり、〈種類〉）を表していると思われる。
　次は、Ｚ型だけで、Ｔ型では使えない例である。

It is time to leave. It is getting late.
（帰る時間が来た。夜遅くなってきた）

It is time to feed the cat.
（猫にエサをやる時間だ）

It was time for him to leave the country.
（彼がその国を離れる時間だった）

　逆に、Ｔ型だけでしか使えない場合もある。

Now is the time to speak out.
（今、はっきりものを言うときである）

しかし、次の例はＴ型とＺ型両方で使える。

I do not have (the) time now to think about the problem.
（今、この問題を考えている時間はない）

　このＴ型とＺ型の差は非常に微妙だが、Ｔ型は「この時間（瞬間）」というイメージが明らかなのに対して、Ｚ型には、それがはっきり定義できるだけの明確さがないように思える。
　最後にＰ型だが、これはだいたい、〈回数〉を表す。

There are times when I am furious with you.
（ときどきあなたに腹が立ちます）

value

It is hard to be in the importing business when the value of the yen is changing rapidly.
（円の価値が急速に変化しているとき、輸入業を営むのは難しい）

　この文で the value とＴ型になっているのは、value が of 〜で〈限定〉されているからで、「価値」という意味ではふつう、次のようにＺ型で使う。

This project has value from the economic standpoint.
（このプロジェクトは経済的観点から見て価値がある）

　この文でも、意味上は「経済的な観点から見て」と〈限定〉されているのだから、Ｔ型にしないといけないのではないかと思う人もいるかもしれないが、このままではＴ型にできない。Ｔ型にするなら、たとえば次のように文を変えて of 〜で〈限定〉する必要がある。

The value of this project is that it is good for the economy of Japan.
（このプロジェクトの価値は、日本経済へ好影響を与えることである）

次に P 型の例である。

My values are incompatible with his values.
（わたしの価値観は彼のとは相いれない）

　この場合の「価値観」は、いろいろな価値基準が集まって作られているものを指すので、P 型が使われている。しかし、その中の具体的な 1 つに言及する場合は A 型も可能で、たとえば、次のような例が考えられる。

Respect for one's seniors has been preserved as an important value in Japan over the years.
（年上の人たちを敬うことは、長年の間、日本において重要な価値となっている）

　この A 型は形容詞が付いているが、形容詞なしでも次のように A 型にできる。

Respect for one's parents is a value even now highly regarded in Japan.
（日本では両親を尊敬することは、今なお高く評価されている）

war

　この語は Chapter 2 で詳しく取り上げたが、例を追加しておきたい。

In the late 1970s newspapers were full of news about Japan starting a trade war with the Western world.
（1970 年代後半、新聞は、日本が西側世界に対して貿易戦争を始めたとの記事であふれていた）

The president has just declared a war on terrorism.
（大統領はテロに対して宣戦布告した）

　これらは、実際に戦闘を伴ういわゆる戦争ではなく、比喩として使われており、〈種類〉を表す A 型と考えられる。2 つ目の文では Z 型も可能だが、その場合は少しニュアンスが変わり、「反テロの姿勢

を打ち出した」というふうに〈状態〉について述べている印象が強くなる。なお、The president は、話し手も聞き手も大統領がだれなのかわかっているので、T 型になっている。

In (a) war everything gets destroyed.

　この例では A 型と Z 型の両方が可能。その違いは、A 型の場合「戦争が起こると、すべてが破壊される」というふうに、1 つの〈出来事〉としての戦争というニュアンスが強い。それに対して Z 型は、「戦時には、すべてが破壊される」という感じで、〈状態〉を表している。これと同様なのが、to declare war（宣戦布告をする）という表現である。この war は「戦争状態」を意味している。

winter

　winter をはじめ季節の名称は、ふつう、

Winter has come.
（冬が来た）

のように Z 型で使われるが、A 型、P 型、T 型でも使うことができる。
　まず、A 型。

I spent a winter in Moscow.
（わたしは、ある冬をモスクワで過ごした）

According to the weather forecast, we are going to have a warm winter this year.
（気象予報によると、今年は、暖冬らしい）

　最初の例は〈特定〉を、次の例は〈種類〉をそれぞれ表す。最初の例は、次のように P 型にもできる。

I spent two winters in Moscow.
（わたしは、ふた冬をモスクワで過ごした）

以上の例文では、この winter がいつのことかわからない。これを T 型にすると、それがはっきりするようになる。

I am going to Moscow for the summer.

この文では、話し手と聞き手の間でどの夏か了解が取れているはずである。たとえば、春ごろに次のバケーションの話をしているのなら、the summer はその年の夏のことになる。もし 2 年後の計画について話し合っているのであれば、2 年後の夏を指すことになる。

word

Z 型でよく目につくのは、「ニュース、知らせ」という意味で使われるケースである。新聞や雑誌の記事などでは news という言葉の代わりに word がひんぱんに使われている。

Word **has just reached us that the president has resigned.**
（われわれは、大統領が辞任したというニュースを受け取ったところである）

また Z 型は、「メッセージ、伝言」という意味でもよく使われる。

He left word **for me that he would meet me at 9 o'clock.**
（彼は、9 時に会いましょうという伝言をわたしあてに残した）

次に、A 型か P 型かによって慣用句としての意味が変わる例をあげよう。

May I have a word **with you?**
（ちょっとお話がしたい）

have a word with 〜 で「（意見を求めて）〜とちょっと話をする」という意味の慣用句である（会話でこの表現を使われるときは、「お話」の内容は複雑で厳しいのがふつうである）。これが P 型になると意味が一変してしまう。A 型と間違えて使うと、言われたほうはびっくりするだろう。

I had words with her.

（わたしは彼女とけんかした）

　have words with 〜の形で word を P 型で使うと、「けんか」を意味するようになる。なお、P 型は一般的には次のような使い方をする。

Her words were reassuring to me.

（彼女の言葉によってわたしは安心した）

最後に──まとめと現実的なアドバイス

　以下はルールというより、複数や冠詞の使用に関する１つの指針（ガイドライン）と考えてほしい。実際に使うとき、参考にしてほしいという意味である。過去何十年にもわたって複数・冠詞にこだわってきた者の覚書のようなものである。

☑ 　英語の名詞は、「可算」と「不可算」の２種類に分けられる。英語で複数・冠詞が使われる根底には、対象が数えられるか、数えられないのか、の概念がある。

☑ 　可算名詞は、さらに２つに分けられる。１つは数える対象をそのまま数えるケース（「自然単位」）、もう１つは何らかの工夫を施し数えられるようにしてから、数えるケース（「任意の単位」の導入）である。

☑ 　何らかの工夫を施した結果、不可算だった対象物が可算になると、対象物の〈種類〉の数、〈出来事〉の数、〈相〉の数、などが数えられる。

☑ 　名詞が文中で用いられるとき、複数になる（Ｐ型）か、不定冠詞が付く（Ａ型）か、定冠詞が付く（Ｔ型）か、無冠詞が付く（Ｚ型）か、この４つのうちのいずれか型になる。日本人の間違いの多くは、Ｚ型で使えない名詞をＺ型にすることである。つまり、冠詞を付けるのを忘れることである。

☑ 　Ａ型とＰ型は似ている。Ａ型にできる名詞はＰ型にもできるし、その逆も真である。この類似性は、Ａ型が数えるための「単位」となり、その単位を数えて、Ｐ型が成立するからである。ただし、Ｐ型では自然だがＡ型にすると不自然な印象を与える名詞が、数は少ないが、存在する。

☑ 　Ｔ型は、その名詞が指し示すものが限定されているときに使われる。「限定されている」とは、その内容が話し手と聞き手の間で了解されているという意味である。

☑ 　Ｚ型は、一般的で漠然としたこと、〈状態〉、〈概念〉などを表す。

☑ A型はT型とZ型の中間といえる。A型はまた、形容詞や修飾句・節によって、そのA型の語句の内容をよりはっきりとさせることができる。

☑ 抽象名詞には、A型でもZ型でも使えるものが存在する。A型やP型で使う場合とZ型で使う場合とでは、意味の変化が生じる（A型とP型の間で起こらない）。

☑ すべての型に、一般的なことを記述する総称的な用法がある。

　では最後に、実際に英語を使ううえで、複数・冠詞にどう対処したらよいか、現実的なアドバイスをしておきたい。
　英語を使うとは、聞く、話す、読む、書く、の4つの行動を意味するが、複数・冠詞に関しては、次のような心構えを持ってほしい。

聞く——4つの型の判別を完璧にすることは、ほぼ100パーセント不可能である。複数と冠詞について学ぶ絶好の機会は英文を読むことなので、会話のときはただ楽しむこと。

話す——迷う場合は、「アー」とか「ウー」とかいってどの型で話すかを誤魔化しすしかない。極端なことを言うようだが、すべての型を無視してもよい。間違いを犯すことを心配して、黙っているのがいちばん悪い。

読む——絶好の学習の機会なので、じっくり読んで複数・冠詞の使い方を学習してほしい。とくに英字新聞を読むことをすすめたい。ただし、The New York Times や The Washington Post でなく、The Japan Times などの、日本で編集制作されている新聞をおすすめしたい。前者は難しすぎて簡単に読めない。

書く——読む人を納得させる必要がある学術論文、公式報告書などは、ある程度その専門分野のことを知っているネイティブにチェックしてもらうこと。手紙や連絡文書などはその限りにあらず。

　ここ３年ほど複数と冠詞の問題に再度取り組んでいるが、その間、私の頭の片隅に絶えずあったのは、将来、人工知能（AI）が「シンギュラリティ（AI が人間の能力をはるかに超えること）」と呼ばれる域に達したとき、本書のテーマである複数と冠詞の使い方をめぐる問題は解決されてしまうのだろうか、ということであった。もし、近い将来、AI の能力が飛躍的に増大し、その域に達することがあるなら、複数や冠詞はおろか、そもそも語学の学習自体が不必要になるかもしれない。しかし、逆にそうならないかもしれず、最後にこの問題について簡単に触れておきたい。

　以前、あるテレビ局が AI に関する特集番組を組んだ。その中でトピックの１つとして、AI は文章の意味を理解できるかという問題が取り上げられた。具体的な内容が紹介され、AI の専門家は、AI は文章を理解できると主張し、その証拠として次のような事例の説明を行った。１つのフリップに、

A stop sign is flying in blue skies.

という英文が書かれ、もう１つのフリップにこの文の意味を AI が表したとされる絵が紹介された。そこには青色の空を背景に長方形の中に赤色の丸型が描かれていた。専門家の説明では、止まれの標識は世界的に赤で表示されるのが普通であり、それが青空を飛んでいるさまが描かれているので、AI はこの文章の意味を理解できている、というものであった。

　私は一瞬、なるほどと感心した。しかし、次の瞬間、私はこの文と絵には何かおかしなものがあると感じた。私なら、この文を次のように書き換えるだろう。

A stop sign is flying in the blue sky.

　念のために、あるアメリカ人に尋ねたところ、次のように書き換えた。

A stop sign is flying in a blue sky.

　これら以外に、いろいろな文が得られるかもしれない。しかし、とりあえず、この３つに限ってもう少し考えてみたい。わかりやすくするために、それぞれに訳も付けて、以下に並べてみた。

① **A stop sign is flying in** blue skies. 〈テレビで示された元の文〉
　（ある停止標識が青空の、いろいろな場所を飛んでいる）

② **A stop sign is flying in** the blue sky. 〈私が作り替えた文〉
　（ある停止標識が青空を飛んでいる）

③ **A stop sign is flying in** a blue sky. 〈あるアメリカ人が作った文〉
　（ある停止標識が青空の、ある部分を飛んでいる）

　①はＰ型（blue skies）、②はＴ型（the blue sky）、③はＡ型（a blue sky）である。もしAIが①を理解したとするなら、Ｐ型が意味する「あちこちの青空」を示す何かを描く必要があったが、それは描かれていない。この点でAIはこの文を理解していない、といえるかもしれない。
　②の場合、Ｔ型だから、話し手も聞き手もそれが空のどこにあるのか知っているので、頭上の青空を示すような絵を描く必要がある。絵では、停止標識が１つ描かれているだけで、その場所ははっきりしないが、②の文を表す絵としてなら、一応合格としてもよいだろう。
　③の場合、このＡ型は〈特定〉の用法で「ある種の」を意味する。絵は、標識が「ある場所」を飛んでいるように描かれているので、

③を表す絵と考えるなら、合格点を与えられる。

　専門家が示した①に対応する絵としては間違いで、②および③を想定すれば、合格点が与えらえるというのは皮肉である。この１例だけをもって、何らかの結論を出すことはできないが、AI が自然言語を理解するのは、容易でないことだけは確かである。

　ただ、このレベルの問題は技術的なものであり、近い将来、解決されると思う。真の問題は、AI が自然言語を自由に操れるかどうかということである。哲学者のウィトゲンシュタインによると、われわれが言語を自由に使いこなせるのは、「言語ゲーム」を演じることができるからである。この場合のポイントは、言語ゲームを演じるために、何が必要なのかということである。それは、われわれ人間が社会の「構成員」であると同時に、他人とともに「生きる」存在であるからである。

　ところが、AI は社会の「構成員」でもなく、「生きる」存在でもない。つまり、たとえ技術的に言語を教え込むことに成功したとしても、AI はそれ以上に発展しないことになる。こういう制限を抱えた AI に全面的に依存してもよいのだろうか。マスメディアの楽観論に惑わされて、語学教育を軽んじた場合、とんでもない事態をもたらすかもしれない。安易なかたちで AI の開発を進めるべきでない。紙数の関係上、これ以上詳しい説明はできないが、こうした可能性があることに警鐘を鳴らしておきたい。

索 引

※太字は、索引語をメインに取り上げた解説
ページです。

著者プロフィール

小泉賢吉郎（こいずみ・けんきちろう）

1942年、京都生まれ。関西学院大学理学部卒業。ペンシルベニア大学（The University of Pennsylvania）より科学史・科学社会学の分野でPhDを取得。その後、百科事典の出版社、ハーバード大学・客員研究員を経て、40代半ばで大学教授となったが、健康を損ね定年を待たずに退職。現在は中学生時代から親しんできた絵画制作に没頭、画家を自称、「脱デジタル化絵画」を着想するなど、新しい絵画の開発と発展に奮闘中。論文に "The Emergence of Japan's First Physicists: 1868-1900," *Historical Studies in the Physical Sciences*, vol. 6（Princeton Univ. Press, 1975, 3-108）、著書に『英語のなかの複数と冠詞』（ジャパンタイムズ）、『科学技術論講義』（培風館）、訳書に『ある古典物理学者の夜想』（R・マコーマック、培風館）がある。

カバーデザイン：tobufune
本文デザイン：北路社
DTP組版：鷗来堂
イラスト：こつじゆい

英語の複数と冠詞 ネイティブの感覚を読む

2020年3月5日　初版発行

著　者　小泉賢吉郎　@Kenkichiro Koizumi, 2020

発行者　伊藤秀樹

発行所　株式会社 ジャパンタイムズ出版
　　　　〒102-0082　東京都千代田区一番町2-2　一番町第二TGビル2F
　　　　電話　050-3646-9500 ［出版営業部］
　　　　ウェブサイト　https://bookclub.japantimes.co.jp/

印刷所　日経印刷株式会社

Printed in Japan ISBN 978-4-7890-1750-3